자기 인생의 철학자

_____에게

평균 나이 72세,
우리가 좋아하는 어른들의 말

자기 인생의
철학자들

김지수
인터뷰집

어떤
책

이 땅의 모든 개별적인
인생 철학자들에게

패션지 〈보그〉에서 일하던 시절은 내 인생의 '폼 나던' 시절이었다. 당시엔 평범한 친구들보다 트렌드세터와 연예인을 만나서 보내는 시간이 훨씬 잦았다. 레스토랑에서 마시는 금빛 샴페인이 생수보다 달았고, 파티장의 금속성 디제잉 사운드가 자장가만큼 편안했다. 당대의 유명인사를 스튜디오로 불러 사진 촬영과 인터뷰를 진행하는 나는 실제와 환각 사이의 어디쯤에 있었다. 나의 디렉션에 맞춰 연예인이 온갖 아크로바틱한 포즈와 감정 연기로 자기를 어필하면, 나는 그 결과물을 지면 위에 최대한 아름답게 부려 놓고는 했다. 내가 쓰는 글이 진실하지 않은 것은 아니었으나, 고백컨대 그때 나는 기고만장했고 나의 삶과 글에는 얼마간 거품이 끼어 있었다.

〈보그〉에서 나와 온라인 매체인 〈조선비즈〉에 입사하기까지 1년여의 시간은 과도하게 부풀려진 내 자아의 조정기였다. 그 시기에 나는 믿었던 사람에게 배신당했고, 대인기피증세에 시달렸으며 존재와 관계에 낀 거품이 얼마나 쉽게 꺼질 수 있는가를 체험했다. 과정은 혹독했지만 바닥을 치고 나면 자기가 어디에 발 딛고 섰는지 정확하게 알게 된다.

당시 나는 한 권의 책을 쓰기로 계약했었다. 오래 알고 지내던 편집자는 어른 없는 시대에, 좋은 어른이 되기 위한 길잡이가 되어 줄 책을 써 보라고 나를 격려하고 꼬드겼다. '그 많던 어른은 어디로 갔을까'라는 반어적인 제목의 책이었다. 매일 아침 카페에 나가 노트북을 열었지만, 불행히도 단 한 줄도 쓰지 못했다. 그때 나는 간절히 궁금했다. 지금 허둥대는 내 손을 잡아 줄 아량 있는 어른은 없는가. 그 많던 어른은 정말 이 세계에서 감쪽같이 사라져 버린 걸까.

질문의 답을 찾은 것은 책 계약을 파기하고 새로운 직장으로 출근하면서부터였다. '거대한 자가 에너지로 반짝이는, 사람이라는 행성을 깊이 탐구해 보고자 한다'는 의도로 온라인의 바다에 본격적으로 출사표를 던졌다. 〈김지수의 인터스텔라〉라는 타이틀로, 한 켜의 거품 없이 단단한 존재의 벽돌로 자기를 쌓아 올린 '자아의 달인'을 찾아나섰다. 한 분 한 분 새로운 어른이 소개될 때마다 그 '산전 수전 반전의 따스한 지혜'에 위로받았다는 독자들도 늘어만 갔다. 그들이 들려준 말은 삶이 그 증거이기에 공허하지 않았고, 그들이 살아낸 삶은 그들이 살아낸 시간이 그 증거이기에 울림이 컸다. 3년여의 시간 동안 페이스북이나 카카오톡으로 이웃과 친구에게 인터뷰글을 퍼나르는 독자들을 보며 나도 덩달아 행복해졌다.

그렇게 〈조선비즈〉와 〈조선일보 온라인〉에 연재했던 인터뷰 중에서 평균 연령 72세의, 오롯이 자기 인생을 산 16인의 어른을 이 책에 모셨다. 그들에겐 공통점이 있었다. 진정한 어른은 성취의 업적에 압도당하지 않고 '일한다'는 본연의 즐거움을 오래 누릴 줄 알았다. 그것은 '성공과 열심'의 뒤틀린 동맹에 적잖이 실망한 이 시대의 젊은이들에게 새로운 성찰의 실마리를 안겨준다. 특별히 올해 99세가 된 철학자 김형석 선생의 말 "인격의 핵심은 성실성이다"는, 성실과 성품의 공학적 인과관계를 증명하는 놀라운 발견이었다. 100세를 앞둔 김형석 선생은 여전히 매일 밤 일기를 쓰며 글쓰기를 훈련 중이다. 92세 최고령 현역 디자이너 노라노 선생의 '건달론'은 어떤가. "남이 내 비위 안 맞춰 주니 내가 먼저 내 비위에 맞춰 줘야 한다"는 말은 자기 억압이 곧 생존이라 여기며 숨죽이던 우리들의 숨통을 틔워 주는 산소 같은 일침이다.

각자 개별적인 만남이었음에도 한 어른의 말은 마치 파도타기를 하듯 다음 어른의 생으로 이어져 진리의 하모니를 연출했다. "운은 하늘의 귀여움을 받는 것"이라며 나와 이웃의 운의 연결성을 설파했던 니시나카 쓰토무 변호사의 말을 '심장을 양보한 사나이' 하형록 선생이 삶으로 받았다. "착한 일은 눈물이 안 나요. 희생을 해야 눈물이 나는 거예요." 모르는 여인에게 심장을 양보했던 그날 이후 펼쳐진 기적의 드라마에서 나는 페이버(호의)의 실존에 안도했다. "이것으로 충분하다"며 자제력을 권했던 디자이너 하라 켄야의 생활미학은 재일학자 강상중의 "나를 궁지에 몰지 말라, 올인하지 말라"는 강렬한 자기 선언으로 매듭 지어진다.

"행복하진 않았지만 축복받은 인생이었다. 이젠 불완전해도 괜찮다"는 완전주의자 정경화의 반가운 변심, "시는 타인의 신발을 바깥으로 돌려놓는 행위"라며 매일 같은 자리에서 시가 오길 기다리는 이성복 시인의 하염없는 순진, "좀 비겁하게 살아도 된다"는 동물학자 최재천의 '가성비' 높은 아량과 "적게 먹으면 적은 똥 싸고 많이 먹으면 많은 똥 싸는 게 인생"이라는 화가 노은님의 기개 앞에서는 자연주의자의 드넓은 배포를 배웠다. 이 밖에도 이순재, 윤여정, 송승환 등 공연예술계의 행동파 어른들은 살아 펄떡이는 싱싱한 말의 세계로 우리를 안내한다. 우리와 대결하지 않지만 우리와 대결할 정도의 힘이 있는 어른 앞에서 우리는 안정감을 느낀다. 그들의 말이 '꼰대의 잔소리'로 여겨지지 않는 것은, 그들의 정직과 결핍과 특유의 다정함 덕분이다.

산뜻하고 호쾌한 자기 감정의 거장들을 만나며 비로소 내 발밑도 단단해졌다. 나는 어른들의 명징한 말을 받아내기 위해 내가 가진 가장 귀한 재능을 쏟아부었다. 최선을 다해 정중하게 듣기. 어릴 때부터 가는 귀가 먹어 안 들릴 때마다 여러 번 반문하던 습관 덕에 이 나이까지 기자로 밥 먹고 산다. 서사의 무게가 독자들의 귀한 삶과 시간을 압도하지 않도록, 싱싱한 수다의 리듬을 살려 인터뷰를 기록했다. 부디 이 인터뷰가 나에게 그랬듯 여러분의 귀에도 편안히 닿아 들리기를!

이 자리를 빌어 나에게 선뜻 자기만의 우주를 내어주었던 16인의 어른들에게 다시 한번 감사를 전한다. 한 번의 계약 불발에도 불구하고 사라질 뻔한 그 질문, '그 많던 어른은 어디로 갔을까'를 '자기 인생의 철학자들'이라는 번듯한 답으로 완성해 낸 편집자 김정옥(그의 남편 조용범은 나의 첫 인터뷰 산문집 《나를 힘껏 끌어안았다》의 편집자다)의 끈기에도 경의를 표한다. 온라인 매체에 처음

와서 헤매는 나에게 술과 밥을 사 주며 격려해 주던 직장의 상사와 선후배, 매일 밤 "엄마, 언제 와?" 지치지 않고 나를 기다려 주던 두 아이 하율이와 하경이 덕에 글을 쓸 수 있었다. 끝으로 치열하게 삶의 영감을 찾으며, '나'라는 자아를 건축해 가는 이 땅의 모든 개별적인 인생 철학자, 바로 당신에게 응원의 박수를 보낸다. 건투를 빈다.

2018년 11월.
바람 부는 광화문에서.
김지수.

난 공부는 못해도
숙제는 해 갔어요

배우 윤여정

사진 ⓒ김진영

땀구멍으로 소금물이 차오르는 한여름. 청담동 915번지 스튜
디오에 거대한 코트를 입고 나타났던 윤여정의 모습이 떠오른
다. "밍크 아니에요. 세이블!"이라고 그녀가 예의 그 와인 냄
새나는 똑 떨어지는 목소리로 말했다. 2008년, 영화 〈여배
우들〉 촬영 현장에서 나는 '기자' 역을 맡아 그녀와 함께 연기
를 한 적이 있다. 그 영화는 폭설로 오지 못한 보석 액세서리
를 기다리다 지친 여배우들이 패션지 〈보그〉 촬영장에 갇혀 하
룻밤 동안 각자의 '본색'으로 충돌한다는, 사랑스러운 페이크
(fake) 다큐였다.

영화 속에서 자신이 '대타'로 불려온 게 아닌가 추궁하던 윤
여정에게 내가 했던 대사가 기억난다. "대타 아니에요! 나이가
들어도 여전히 진한 장미 냄새를 피우는 60대 여성으로, 윤여
정 말고 누구를 떠올릴 수 있겠어요?" 그 말은 진심에서 나온
즉흥 대사였다.

영화감독 이재용, 동료 배우 고현정과 꾸민, '우리가 밥 먹
고 농담하는 것만 찍어도 재미난 쇼가 되겠다'던 그들의 작당
은 애초 의도했던 프랑수아 오종의 〈8인의 여인들〉과는 달리,
아주 다정하고 솔직한 영화로 완성되었다. 당시 63세였던 윤
여정은 이제 72세가 되었고, 예능 다큐 〈꽃보다 누나〉 이후로
그 에너지는 더욱 폭발하고 있다.

생각해 보면 예쁘고 약한 이미지와는 거리가 먼, 갈등과 독
설을 두려워하지 않는 '강한' 여배우들의 퍼즐 속에서도 윤여
정은 오롯했다. '일급 마이너'라는 별명답게 자신이 어떻게 비
칠지에 대해서 아무것도 두려워하지 않았다. 그녀는 모든 사람
을 정확히 이름으로 호명했고(가령, "김지수 씨, 연기가 참 자연스

러웠어!") 흡연 코너에서 자리를 양보하는 스태프들에게 "고맙지만 괜찮아요"라고 응대했으며, 케이크를 들고 응원 온 방송국 후배들에게 출연료를 떼이지 않는 법에 대해 조언했다.

자기 안에 깃든 고상함이나 추잡함에 대해서 언제든 거칠 것 없이 단어를 튕겨 올릴 수 있는, 타자기 같은 혀를 가진 여자 윤여정. 자신이 대타로 불려온 게 아닐까 전전긍긍한다는 〈여배우들〉의 설정과 달리, 72세의 윤여정은 대체 불가능한 존재가 되었다.

영화 〈그것만이 내 세상〉에서 이병헌과 박정민 사이에서 "어색한" 사투리로 모자의 정을 나누던 그는, tvN 〈윤식당2〉에서는 이서진, 정유미, 박서준을 진두지휘하며 물 만난 고기처럼 '회장님' 포스를 발산했다. 눈 밝은 나영석에게 발견된 이 웃기고 세련된 할머니는 환상의 해변에서 펼쳐지는 서바이벌 게임의 주인공으로, 여배우, 노인, 사장이 등가가 되는 리얼리티쇼의 호스트로 화제의 중심이 됐다. 그렇게 불고기와 비빔밥처럼, 익숙했던 음식이 여행지에서 재발견되듯, 한평생 노력과 농담으로 자신을 요리한 윤여정이라는 어른의 맛도 점점 깊고 오묘해졌다.

유머 감각이 참 탁월하세요.

그러게, 내가 고춘자인가 봐요. 장소팔, 고춘자 알아요?
희대의 만담꾼들이지.

**〈여배우들〉, 〈죽여주는 여자〉를 같이했던 이재용 감독과
만담이 압권이었지요. 이재용이야말로 윤여정의 사적 공
적 매력을 잘 써먹은 선구자 같은 사람입니다. "이분은
연기보다 사생활이 더 매력 있다"라고 신랄한 농담까지
했죠. 결국 그 예언처럼 《윤식당》으로 전무후무한 당대
의 상쾌한 어른이 되셨어요.**

아유, 난 내가 그렇게 떴는지 잘 모르겠어요.

**〈윤식당2〉의 초반 시청률이 동 시간대 최고 14프로까지
올랐어요. 이 정도일 줄 예상은 했나요?**

못 했어요. 스태프들도 놀랐지. 초반 시청률이 너무 높게
나오면 나는 걱정이 돼. 그러면 애들이 편집하느라 죽어.
8~9프로 정도 나오다가 서서히 올라가면 딱 좋은데 말
이에요. 나영석이 9시 58분에 문자를 보냈어. "부담스러
운 성적입니다. 선생님의 살신성인 덕분이에요." 그이가
〈삼시세끼〉 할 때 나를 강원도 정선까지 게스트로 끌고
가서 고생을 시키더니만.

"살신성인"을 하셨다잖아요.

공항에 휠체어 타고 내릴 뻔했어요. 식당에 정말 손님이
미어터졌어. 스페인 가라치코(Garachico)라는 곳이 아

15

프리카 모로코보다 더 아래 있는 인구 5천 명 사는 조그만 마을이에요. 중국 식당도 하나 없어 동양 음식이라곤 못 먹어 본 분들이 살죠. 그 사람들이 막 몰려오더라고. 그런데 나는 내가 간 곳이 참 좋은 여행지라는 걸 나중에 방송 보고 알았어요. 진짜로 출퇴근할 때 담벼락밖에는 못 봤다니까.

애초에 〈윤식당〉은 슬로 라이프 콘셉트로, 한적한 바닷가에서 손님 없으면 서핑도 가는 〈카모메 식당〉에서 시작했는데, 이제는 아주 멀리 와 버렸어요.
그게 너무 열심히 한 내 책임이 크죠. 노인네가 미친 듯이 봉두난발을 해 가지고 뛰어다니니, 저 여자를 어떻게 해야 하나 싶었을 거야.

왜 그렇게 열심히 하셨어요?
못하는 거 하니까 열심히 해야지. 손님이 오니까, 나도 주워들은 건 있어서 잘은 못해도 음식은 뜨끈뜨끈할 때 내가면 웬만큼 맛있다는 건 알거든. 그러다 보니 칼에 베이고 불에 데고, 온몸이 상처야. 이 상처가 영원히 남아야 내가 나영석이를 계속 갈굴 수 있어. 이 상처 때문에 내가 미스코리아도 못 나간다고. (웃음)

영화 〈그것만이 내 세상〉(2018)에선 이병헌, 박정민 두 형제의 출중한 연기에 비해 "나는 실패했다"는 표현을 썼어요. 만족스럽지 않으셨나 봅니다.

16

그렇게 얘기했다가 야단맞았어요. 이병헌, 박정민은 참 잘했어요. 난 뭐, 사투리에 얽매여서 망했어. 부산 사투리가 그렇게 어려운지 알았나? 알았다면 진작에 포기했을 거예요. 사투리 선생하고 석 달간 합숙하면서 내가 아주 선생을 뻴게 했다고. 그렇게 열심히 했는데도 억양이 네이티브처럼 안 나와서, 그거에 온 신경이 다 가 있어서 맘 놓고 연기를 못했어.

서울 토박이가 따라 하기엔 그 애티튜드가 쉽지 않아요. 경상도 말은 따박따박 야무지게 따지기보단 감정을 반박자 더 당겨서 휘몰아치는 말투죠. 약간 화가 난 듯. 전형적인 서울 양반인 선생의 성정과는 맞지 않아요.

그래도 노력한 건 보였대요. 그러면 된 거야. 노력은 했다고. 감독이 경주 사람이라 엄마를 경상도 출신으로 설정한 이유가 있을 거라고 봤지. 나는 그걸 헤아려서 맞춰주고 싶었어요. 내가 미녀 배우도 아니고 끼가 흘러넘치는 사람도 아니잖아. 그렇다고 이병헌처럼 눈이 좋은 배우도 아니고. 그러니 노력이라도 해야지.

미인은 아니어도 칠리소스처럼 매콤하고 매력적인 목소리를 타고 나셨지요. 임상수 감독 영화 〈그때 그 사람들〉(2004)에서는 내레이션도 하지 않았습니까?

(손사래를 치며) 아우, 내 목소리는 거부감 1순위야. 내가 미성인 가수들을 좋아하는 것도 내 목소리에 대한 반작용이라고.

"살아 보니 인생이 별게 아니야.
재밌게 사는 게 제일이야.
다들 좀 웃으면서 서로
재밌게들 얘기하면 좋겠어."

처음 해 보는 사투리 연기도 그렇고, 예능 다큐 〈윤식당〉의 개업 셰프도 그렇고, 항상 낯선 것을 받아들이고 숙제하는 마음으로 사시는 것 같습니다. 학창 시절 '공부는 못해도 숙제는 해 갔다'는 이야기를 하신 적이 있는데 마음에 오래 남았어요.

그게 아들 야단치다가 알았어요. 미국 학교는 숙제, 퀴즈, 시험, 출석 이런 것들을 종합해서 성적을 내는데, 애가 숙제를 안 해서 내가 깜짝 놀랐거든. 그 얘길 했더니, 성우 송도순이 "어머, 언니는 숙제해 갔수? 난 안 했는데" 하더라고. 나는 누가 미션을 내주면 잘하든 못하든 꼭 해서는 갔어요.

그런 삶의 자세는 누구에게 배웠나요?

어머니죠. 우리 아버지가 엄마 나이 서른넷에 돌아가셨는데, 엄마가 우리 세 딸을 아주 용감하게 키웠어요. 어머니가 의과대학에 1년 정도 다닌 적이 있는데, 그걸 밑천으로 양호교사 시험을 쳐서 자식들을 부양했지. 장한 어머니상 받으실 분이에요, 우리 엄마가.

안 받으셨던가요, 장한 어머니상?

안 받았어요. 우리 딸들이 줬어요. 그러면 됐지. 상이 다 무슨 소용이야? 우리 엄마도 내가 받은 청룡영화제 여우주연상 트로피를 두고 나를 골려먹었지. 엿장수도 안 가져간다고. (웃음) 이사 다닐 때마다 처치 곤란이라 그 트로피는 내가 버렸어요.

〈화녀〉(1971)로 받은 여우주연상 트로피를 버렸다고요?
그게 뭐 짐만 되니까요. 그래도 상을 탔다는 기록은 남아
있잖아요.

그게 꽤 영광스러운 트로피 아니었던가요? 김기영 감독이 그 시절에 "내 말을 알아듣는 이가 미스 윤밖에 없다"고 할 정도로 영리한 여배우로 인정받으셨잖아요.
맞아요. 나는 적절한 시기에 적절한 감독들의 선택을 받았어요. 미모도 재능도 없었지만 감독들이 디렉팅을 해주면 그걸 최선을 다해 따라갔어요. '도구로서 모든 걸 다하리라' 하는 그런 자세가 있었지요. 나는 창의적인 배우도 못 되고, 오히려 노예근성 같은 게 있었나 봐. (웃음)

임상수, 홍상수, 이재용 그리고 지금의 나영석에 이르기까지, 선생의 노예근성이 그들과 함께 찬란하게 꽃을 피웠네요.
임상수 감독이 나중에 고백하더군. 〈바람난 가족〉(2003)에 나를 캐스팅할 때 내가 세 번째 후보였대요. 간혹 후배들이 "이 역할은 당신밖에 못 해요" 이런 말에 혹하는데, 인생에 그런 거 없어요. 알고 보면 나 말고도 열 명 넘게 후보가 대기 중이라고. 홍상수 감독도 아마도 아는 늙은 여자가 나밖에 없어서 불렀을 거야. 그이가 하는 작품이 다 남녀상열지사인데, 〈하하하〉(2009) 같은 영화에서도 내가 중요한 역할은 아니었잖아. 〈바람난 가족〉이나 〈돈의 맛〉(2012) 같은 임감독 영화들도 아마 다른 나

이 든 여배우들이 곤란해서 거절했을걸. 노출도 심하고, 섹스 신도 있고……. 나야 뭐 그때 급전이 필요해서 했지만. (웃음)

"최고의 연기는 돈 필요할 때 나온다"는 명언이 그때 나왔지요?

하하하. 그랬어요. 난 실용주의자였어. 마침 집수리를 해야 했거든. 그런데 이유야 어쨌든 그때 영화 현장에 가 보니 많이 달라졌더라고. 어릴 때 정말 고생하면서 영화를 했는데, 세상이 달라졌더구먼. 스태프들도 어찌나 세련되고 인문학적 소양도 풍부하던지. 내가 영화 끝나고 〈바람난 가족〉의 엄마는 임감독이 "내 엄마가 이런 모습이었으면" 하는 걸 그린 것 같다고 인터뷰를 했더니, 그이가 아주 좋아하더라고.

윤여정 자신은 나중에 임상수 감독이 신문에 인터뷰한 내용을 보고 크게 놀랐다고 했다.

TV 배우는 희소성도 없고 기계적으로 연기한다고 생각했는데, 윤여정이 하는 걸 보고 편견이 다 무너졌대요. 앞으로 자기 영화에는 없던 배역을 만들어서라도 윤여정이란 사람을 계속 쓰겠다고. 어찌나 고맙던지, 내가 지금까지 만나면 임감독 밥을 사 주잖아. 그이가 천만 영화를 해야 내가 밥을 좀 얻어먹을 텐데. (웃음)

이재용 감독을 소개해 준 사람도 임상수다. "파리 프로젝트를
할 때인데, 함께 밥 먹고 영화 보고 할 만한 세련된 사람이 하나
있다고. 그렇게 계속 이어진 거죠." 그렇게 한 사람의 아내로
받지 못한 사랑을, 당대의 세련된 감독들에게 받으며 윤여정의
사이즈는 커졌다. "여배우의 가장 큰 매력은 자기 성격"이라고,
삶으로 한발씩 자신의 말을 증명해 가며.

일하는 사람들과 재밌게 지내려고 많이 노력하시죠?

맞아요. 살아 보니 인생이 별게 아니야. 재밌게 사는 게
제일이야. 내가 미국에서 살다 1985년에 귀국했는데, 사
람들 말이 다 딱딱해져 있더라고. "왼쪽으로 도세요" 하
면 될 말도 "좌회전하세요" 그러고, 말끝마다 "의식 있게
살아야 한다"고 하고. 미장원에서도 "직모를 유지하실
건가요?" 이러더라니까. 생전에 소설가 박완서 선생님
도 긴장하지 않으면 한국말을 잘 못 알아듣겠다 하셨거
든요. 다들 좀 웃으면서 서로 재밌게들 얘기하면 좋겠어.
나는 너무 무게 잡고 철학적으로 얘기하면 부담스러워서
싫더라고.

**산전수전 다 겪고 유머 감각이 풍부해도 긴장하실 때가
있습니까?**

일할 때는 늘 긴장해요. 첫 촬영 때는 특히 긴장을 많이
하지. 언제쯤 나도 편하게 할 수 있을까, 생각한 적도 있
는데 맘을 바꿨어요. 영원히 긴장하려고. 배우가 너무 편
하게 하면 그것도 이상해요. 연기를 잘해서 그냥 노는 것

이재용 감독의 〈여배우들〉에서 윤여정과 나. 윤여정은 자신이 대타로 불려온 것이 아닌가 전전긍긍하는 '여배우 윤여정' 역을 맡았고, 나는 윤여정, 이미숙, 고현정, 최지우, 김민희, 김옥빈을 인터뷰하는 '기자 김지수' 역을 맡았다.

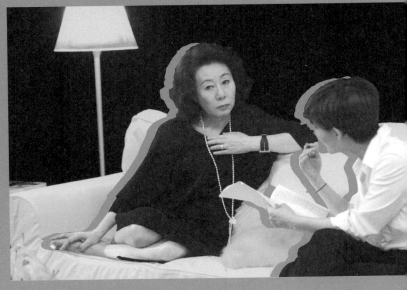

처럼 보이면 그게 농익은 연기인가? 난 아닌 것 같아. 묘한 경계선이 있는데 어떤 식으로든 최선이 보였으면 좋겠어. 처음 만났을 때의 떨림을 죽을 때까지 유지하고 싶어. 브로드웨이에서도 첫 공연 티켓이 가장 비싸요. 떨림과 최선이 있으니 그런 거 아니겠어요?

《윤식당》이 대표작이 됐다고 농담처럼 말하지만, 배우로서는 어떤 작품을 가장 아낍니까? 〈사랑이 뭐길래〉 (1991~1992) 같은 김수현 드라마, 〈내가 사는 이유〉 (1997) 같은 노희경 드라마도 있지요. 임상수 감독의 〈하녀〉(2010)도 좋았습니다만. "아니꼽고 더럽고 메스껍고 치사해도 참는다"는 '아더메치' 발언이 산뜻했어요.
나는 특별히 전성기나 대표작이 없었던 것 같아요. 그래도 굳이 꼽으라면, 나이 70이 넘어 보니 김기영 감독과 했던 1971년작 〈화녀〉가 기억이 나요. 신인 시절의 생생한 모습이 있어서 그런가 봐.

당시 감독이 촬영장에 쥐도 풀어놓고, 컬트적인 야심이 대단했다고 들었어요.
쥐만 풀었게요? 그분이 정말 기인에 가까우셨어요. 그래도 나를 잘 컨트롤해서 좋은 연기를 뽑아내셨죠.

"전성기도 대표작도 없다"는 윤여정의 말을 듣고 조금 놀랐다. 봉준호 감독이 김혜자에게 영감을 받아 〈마더〉를 만들고, 나문희가 〈아이 캔 스피크〉로 77세에 여우주연상을 받았듯,

그녀도 이재용 감독의 〈죽여주는 여자〉에서 주연으로 열연하지 않았던가. 돌아보면 윤여정은 여운이 많고 함축적인 연기보다 담백하고 실용주의적이고 딱 떨어지는 배역에 잘 맞았다.

재미있는 건 감독들이 윤여정에게 그로테스크할 정도로 신랄한 성적인 매력을 부여했다는 사실이다. 〈화녀〉에서 윤여정은 초기 산업사회에서 이촌향도한 가정부로 주인 남자와 바람을 피워 가족을 붕괴시켰고, 임상수 감독의 〈바람난 가족〉에서는 아들 부부에게 "나, 만나는 남자 있다. 가끔 섹스도 해"라고 담배 연기 뿜어내듯 단숨에 선언했다. 이재용은 노인의 자살과 섹스를 돕는 '박카스 할머니'로 윤여정을 뒤틀린 채로 화사한 유사 가족의 가장으로 대접했다.

자기 욕망을 부정하지 않는 여자, 성적인 에너지 리비도가 넘치는 여자(윤여정은 토크쇼에 나와 자신을 "평창동 비구니"로 희화화했지만), 자칫 비호감으로 흐를 수 있는 이 에너제틱한 노인 곁에 깍듯하고 반듯한 이서진과 정유미로 간을 맞춘 나영석의 동시대적인 센스가 놀라울 뿐.

일흔이 넘었는데도 젊은이들과 잘 어울리며 사랑받는 비결이 뭐라고 생각하세요?

글쎄, 내가 젊은이들을 좋아해요. 우리는 전쟁을 겪었고 먹고사는 데 급급해서 촌스러운 게 있잖아. 그런데 젊은 애들은 보기만 해도 기분이 좋아. 막 신통하고 장하고 그래요. 난 내가 어른스럽지 못하다는 걸 너무 잘 알아. 그래도 노력은 해요. 애들처럼 똑같이 욕심 안 내고, 밥값은 내가 내고. (웃음) 뭐, 대단한 어른은 못 돼요. 얼마 전

"감사하게도 나는 나를
객관적으로 봤어요.
그러니 노력했지.
알고 보면 사람들도
내가 안 예쁘니까
멋지다고 하는 거잖아."

이미숙이 전화해서 그러더군. 나를 연구해 봤더니, 윤여 정이 아직까지 잘 살아 있는 건 '4차원의 70대'라서 그렇 다나? (웃음)

제가 보기엔 4차원이 아니라, 오히려 너무 정상적이라 독보적인 존재가 아닌가 싶은데요. 독립적이고, 신랄하 며, 경우 바르고, 유머 있는 노인을 주변에서 보기 힘드 니까요.
그래요? 사람마다 다르게 느끼는가 봐요.

돈과 일에 대해 자기만의 신조가 있으신가요?
돈은, 돈은 타고나는 거예요. 우리 엄마 말씀이 작은 돈 은 저금해서 모으는 거고, 큰돈은 하늘에서 내려주는 거 랍니다. 내 인생도 내가 일해서 번 것 아니면 보너스라는 게 없었어요. 언젠가 누가 권해서 주식을 했다가 모두 날 렸어요. 돈 잃은 날, 친구들 모아서 밥 사 주고 술 사 줬 지요.

　일에 대해선 그래요. 나는 예순 살까진 하기 싫은 일 도 많이 했어요. 아이들 키워야 했으니까. 애들이 장성한 후엔 딱 결심을 했죠. 이제부터 내가 하고 싶은 일만 하 는 사치를 좀 부려야겠다. 예순한 살부터 내가 사랑하고 믿는 사람들하고만 일해야겠다. 그런데 하고 싶은 일만 하면 확실히 돈은 안 돼. 싫어하는 일도 해야 돈이 되는 거지. (웃음) 이제는 친구들 술 사 주고 밥 사 줄 돈만 있 으면 되니까.

언제 행복하신가요?

(곰곰히 생각하다) TV는 대사가 많잖아요. 그래서 나는 녹화 전에 불안해서 잠도 안 자고 대본을 닳도록 보고 또 봐요. 드라마 〈사랑이 뭐길래〉 감독도 그 열성에 놀랐다잖아. 인간이 소화할 수 없는 정도의 대사까지 외워서 다 하고 집에 와서는 따뜻한 물에 샤워를 해요. '오늘 미션을 내가 잘 끝냈구나……' 그럴 때 행복해요.

평생을 노력한 사람이군요.

감사하게도 나는 나를 객관적으로 봤어요. 그러니 노력했지. 나를 칭찬하거나 예쁘다고 해도 믿질 않았어요. 너무 노골적으로 말해서 인심 사나워 보인다는 사람도 있지만, 나는 다른 사람한테도 진실을 말해 줬다고. 알고 보면 사람들도 내가 안 예쁘니까 멋지다고 하는 거잖아.

과연 72세의 멋진 노인이십니다. (웃음) 처음으로 72세를 사는 기분은 어떠신가요?

매년 달라요. 우아하게 권리를 주장하고 점잖게 살고 싶지. 하지만 나도 하루하루가 처음이라 실수하고 성질도 내죠. 유준상이 나한테 보낸 편지가 있어요. "선생님은 참 훌륭하시다. 늘 반성하시고 사과하신다. 그런데 또 그러신다." 반성하고 사과하고도 또 같은 실수를 한대요, 내가! 그러니 이 나이에도 매일 아주 조금 성숙해지길 바랄 수밖에 없어요. (웃음)

(2018년 1월)

만날수록 심사가 복잡해지고 모순적인 사람이 있는가
하면, 만날 때마다 귀가 시원해지고 머리가 산뜻해지는
사람도 있다. 윤여정은 후자다. 그녀를 만난 지 10년이
넘었고, 그 세월 동안 인터뷰와 영화 촬영 등 그녀와 공식적,
비공식적인 만남을 수차례 가졌지만, 한번도 그녀가
당황하는 모습을 본 적이 없다. 프랑스 여배우 줄리엣
비노시 무용 공연의 애프터 파티에서도 그녀는 유머와
기품이 배인 영어로 서양 여배우의 찬사를 받았다.
결혼을 앞두고 싱숭생숭해하던 내게 그녀가 했던 조언은
아직도 잊히지 않는다.
"지수 씨, 똑똑하잖아. 똑똑하니까 조금은 바보처럼 살아."
얼마 전, 전화통화에서는 피아노줄 같은 짱짱한 목소리로
말했다. "쓸쓸한 게 인생이에요. 불시에 맨홀에 빠지고
천둥이 쳐요. 그럼에도 닥치기 전까진 즐겨야 해. 그걸 난 60
넘어서야 알았어." '나는 매일 철든다'는 그녀의 말이 새삼
신뢰가 간다.

나의 운은 타인의 운과
연결되어 있습니다

일본인 변호사 니시나카 쓰토

30

사진 © Hiraoka Studio

나이가 들수록 운칠기삼(運七技三)이라는 말을 실감하게 된다. 아무리 노력해도 운 좋은 사람은 따라잡을 수 없기에, 꼬인 실타래처럼 일이 안 풀릴 땐 '나는 왜 이리 박복할까?' 한탄하게 된다. 도대체 운에는 무슨 이치가 있길래 어떤 사람은 매사 승승장구하고, 어떤 사람은 매번 같은 구덩이에 빠져 허우적대는 걸까?

일본의 한 변호사가 50년간 1만 명의 의뢰인의 삶을 분석해 '운의 이치'를 파악했다고 해서 찾아 읽은 책은 니시나카 쓰토무의《운을 읽는 변호사》. 니시나카 쓰토무는 점쟁이나 관상가는 아니지만 자신을 찾아오는 의뢰인들, 예컨대 상속과 이혼 등 분쟁 당사자, 돈을 받아 달라는 채권자나 범죄자, 법망을 피해 교활하게 성공하려는 사람과 자연스레 번창하는 사람의 삶을 관찰하며 행운과 불운의 이치를 깨달았다고 했다.

오사카에 사는 74세 운의 현자(賢者)를 인터뷰했다. 니시나카 쓰토무 선생은 인터넷을 사용할 수 없어 인터뷰지는 팩스로 주고받았다. 긴 질문에도 그는 흐르는 물처럼 막힘없이 충실한 답변을 보내왔다.

운이란 무엇인가요?

하늘의 사랑과 귀여움을 받는 것입니다. 여기서 하늘이란 종교적인 의미는 아닙니다. 신비한 것이지요. 한마디로 정의할 수는 없지만, 운이 마음과 밀접한 관계가 있다는 건 확실해요.

선생은 정작 운 좋은 인생을 살았습니까?

교육철학자인 모리 신조(森信三) 선생은 "인간이 평생 만나야 할 사람은 너무 늦지도 않고 너무 빠르지도 않을 때 꼭 만날 수 있다"라고 했어요. 내 나이 일흔넷 가까이 변호사 일을 하면서 어려운 일도 있었지만, 놀랍게도 그때마다 어디선가 조력자가 나타나 구해 주었습니다. 과거를 되돌아보면, 역시나 세상에서 가장 운 좋은 사람은 나라는 생각이 듭니다.

그동안 만 명 이상 의뢰인의 삶을 지켜본 결과 확실히 운이 좋은 사람과 나쁜 사람이 있다는 결론을 내리셨다고요?

맞아요. 재판으로 문제를 해결해도 나중에 비슷한 곤경에 처해 또 찾아와요. 그런 사람은 나쁜 운이 반복되는 거죠. 반대로 법률 자문을 받으러 올 때마다 사업이 잘되고 나날이 번창하는 운이 좋은 사람도 있습니다.

그들의 가장 큰 차이는 무엇입니까?

가장 큰 차이는 '덕'을 쌓고 있는가 여부지요.

덕이란 무엇이죠?

가능한 다투지 않고 적극적으로 남에게 도움이 되는 행동을 하는 겁니다. 덕을 쌓지 못한 사람은 작은 상황도 분쟁으로 만들고 빈번하게 소송으로 해결하려 듭니다. 그런데 아무리 이겨도 계속 비슷한 분쟁이 반복될 뿐이에요. 불운을 끊어 내지 못하는 거죠.

다툼으로 먹고사는 변호사인데도, 선생은 소송을 막는 변호사로 유명하십니다.

설사 승소해도 분쟁해서 좋을 것이 하나도 없다는 점이 변호사 생활 50년의 결론입니다. 경험으로 보면 이긴 사람은 대부분 그 후에 도산하거나 병에 걸리거나 불행해집니다. 분쟁에서 이겨도 진 사람에게 원한을 사기 때문이지요. 진 사람은 이긴 사람을 어떻게 해서든 끌어내리려고 합니다. 저승에 가서라도 끌어내리려고 해요. 그러니까 결국 이겨도 운이 좋아질 수가 없는 거예요.

오랜 변호사 경험으로 볼 때 운에 가장 치명적인 분쟁은 무엇인가요?

상속 분쟁입니다. 상속 다툼은 반드시 자식 대에까지 나쁜 영향을 미칩니다. 제 생각에 가장 큰 불운입니다. 한 예로 조모의 유산을 상속받는 과정에서 무리한 요구로 조카와 분쟁을 한 여성이 있었어요. 원하는 만큼의 유산을 받아 냈지만 그 재산을 물려받은 자기 자녀에겐 안 좋은 일이 생겼어요. 그 아들은 사촌 형의 도움이 절실했지만, 어머니의 상속 분쟁 때문에 생긴 둘 간의 안 좋은 감정으로 도움을 받지 못하고 결국 파산했어요.

한편으로 봉사와 헌신을 해도 운이 잘 트이지 않는 사람은 왜 그런가요?

교만 때문이에요. 은연중에 타인의 죄책감을 부추기면 고생해도 미움을 받을 수밖에 없어요. 일례로 자리보전하고 누운 시어머니를 큰며느리가 10년 넘게 간호해서 유산을 상속받았는데 다른 자식들이 크게 반발했어요. 그저 돈 욕심 때문인 줄 알았는데 알고 보니 며느리에 대한 악감정이 컸어요. 어머니를 잘 모셨다는 점은 인정하지만 항상 감사하라며 생색을 낸 일은 용서할 수 없다는 거죠. 타인을 위해서 좋은 일을 많이 하는데도 운이 나아지지 않는다는 의뢰인을 만나 보면 100퍼센트 교만 때문이에요. "제 할 일을 했을 뿐입니다"라는 겸손한 마음을 잊으면 봉사도 헛것입니다.

도덕적 과실과 운을 연결지어 말씀하신 부분이 흥미로웠습니다. 도덕적 과실이 운에 치명적인 것은 역시나 타인의 '원한'을 사기 때문인가요?

도덕과학(Moralogy)이란 게 있어요. 법학자인 히로이케 치쿠로(廣池千九郎) 선생이 창안한 학문으로, 도덕을 과학적인 영역에서 연구합니다. 도덕과학에서 인간은 살아 있는 한 계속 도덕적 과실을 저지른다고 말합니다. 가령 늘 이용하는 철도나 도로도 이를 건설할 때 사고로 생명을 잃은 누군가의 희생 없이 존재할 수 없어요. 도덕과학에서는 이것을 '도덕적 부채'라고 불러요. 그런데 이 도덕적 부채를 깨닫지 못하고 평소에 미안한 마음과 감사한 마음이 부족하면 타인에게 작은 피해를 입어도 못 참고 달려들어요. 이웃의 상한 감정은 언젠가는 불운으로 돌아오게 되어 있어요.

한때 연예인 최시원 가족의 개에게 변을 당한 유명 음식점 한일관 사장 이야기로 세상이 떠들썩했었다. 한 분야에 일가를 이루고 명망과 부를 쌓았지만 순간의 사고로 유명을 달리한 고인을 두고 우리는 불운을 떠올렸다. 사랑하는 가족이 죽었기에 이웃 가족과 원수가 되어 기나긴 법정 시비를 다툴 차례였다. 그러나 예상 밖으로 고인의 아들은 돌아가신 어머니라면 소송을 원하지 않았을 것이고 그 마음을 따라 싸움 대신 애도를 택한다고 했다. 놀라운 전환이었다.

그보다 앞서 철원 총기 사고로 아들을 잃은 아버지도 빗나간 탄환을 쏜 병사가 자책감을 안고 살아가길 원치 않으니 어느 병사가 쐈는지 밝히거나 처벌하지 말아 달라고 말해 잔잔한 파문을 일으켰다. 가족의 죽음이라는 불운 앞에서 그들이 보인 태도는 '앞으로는 더 이상 이런 일이 일어나지 않도록 제도적인 장치를 마련해 달라'는 당부뿐이었다. 한일관과 철원 총기 사고의 유가족은 불운으로 기억될 사건의 방향을 틀어 그들 가족뿐 아니라 사회 전체의 마음의 기운을 바꿨다. 어쩌면 행운을 어떻게 받아먹는가보다 불운을 어떻게 받아들이는가에 따라 진짜 운의 방향이 결정되는 것은 아닌가, 하는 생각이 들었다.

마음도 바르고 성실한데 갑작스레 운이 나빠지는 경우는 없나요?

인생은 다 각자 운의 드라마가 있어요. 처음에는 손해 보지만 나중에 빛을 보는 경우도 많습니다. 불행은 남과 비교하는 데서 시작됩니다. 성급하게 운이 나쁘다고 판단한 건 아닌지 곰곰이 생각해 봐야지요.

운도 덧셈 뺄셈으로 계산된 각자의 장부가 있습니까?

하늘의 장부라고 하죠. 받은 은혜를 다른 사람에게라도 갚지 않으면 운이 나빠져요. 도덕적 부채가 쌓이면 금전적 부채보다 운에 더 안 좋은 영향을 미칩니다. 은혜를 당연하게 여기고 내놓지 않으면 오만함이 생기고, 오만함은 운을 좀먹는 곰팡이와 같지요. 그래서 받은 은혜는 반드시 다른 사람에게 갚아야 합니다. 안 그러면 다툼이 생깁니다.

부모의 은혜를 깨닫거나 효도하면 운이 들어온다는 건 어떤 원리에 의해서인가요?

도덕과학에서 말하는 은인의 계열을 따져 봅시다. 내가 있고, 부모님이 있고, 또 부모님의 부모님이 있습니다. 10대를 합치면 2,046명입니다. 만약 이 2천 명 남짓한 조상 중 자기 자식을 죽음으로 내몬 사람이 한 사람만 있었어도 지금의 나는 없겠죠. 부모님을 통해 내 생명의 근원으로 거슬러 올라가면 신에게 도달합니다.

"유능한 사람보다
믿을 수 있는 사람이
조직의 운을 바꿔 줍니다."

나쓰나가 쥬무

50년간 1만여 의뢰인의 행과 불행을 지켜본 변호사 니시나카 쓰토무의
결론은 단순하다.덕을 쌓아야 운이 붙는다. 그가 말하는 덕과 운은
무엇일까?

사실 부유한 집안에서 태어난 것만으로 운은 절반 이상 타고나는 것 아닐까요?

아니요. 유산 때문에 불행해지는 것을 저는 많이 봤어요. 아무리 절세 지식을 총동원해서 자식에게 재산을 물려줘도 사실 자식 인생에는 그다지 도움이 되지 않습니다. 어떻게 써야 할지 돈의 가치를 알려 주지 않았다면, 그 돈은 불운의 시작입니다. 인간관계의 질도 그렇고, 시기하는 사람들로 인해 평판도 나빠져요. 같은 의미로 자기만을 위해 돈을 쓰는 부자는 반드시 불행해집니다.

성공한 기업인이나 유명인을 만나서 인터뷰해 보면 다들 '운이 좋았다'는 말을 많이 합니다. 그들은 정말 운을 타고난 특별한 사람들이겠지요?

자신의 능력을 과시하기보다 겸손하게 운이었다고 말하는 사람이 어떻게 운이 좋지 않을 수가 있겠습니까. 반대로 좋은 가문에서 태어난 '금수저'인데도 감사를 모르고 '불운하다'고 불평하다 추락하는 사람이 얼마나 많은지요.

반면 교활한 방법으로 남의 몫을 가로채 승승장구하는 사람도 있지 않습니까?

사업에 실패해서 변호사에게 상담하러 오는 사람은 대부분 얼마 전까지 큰 성공을 거둔 사람입니다. 잔머리를 굴려 돈을 벌거나 출세를 했어도 그 성공은 오래가지 못해요. 머지않아 궁지에 몰리는 경우가 정말 많습니다. 저는 변호사지만 하늘의 법을 더 신뢰해요. 하늘의 법망은 크고 넓어서 빠져나갈 수 있을 것 같지만 악인은 빠짐없이 걸러낸다고 생각합니다.

조직에 운을 쌓으려면 유능한 사람보다 믿음이 가는 사람을 채용하라고 했는데, 단기적인 성장 효과를 신봉하는 한국의 조직에서는 참으로 어렵습니다. 일본에서는 어떤가요?

유능함만 따지는 사장이라면 시장에서도 손익만 따지겠지요. 손익만 따지는 회사는 고객의 마음을 얻기 힘들어요. 일본도 성장 위주의 경제활동을 강요한 지 오래되었지만, 그 부작용이 오늘날 여실히 나타나고 있어요. 정치인들도 마찬가지예요. 아무리 능력이 출중해도 마음을 얻지 못하면 즉 '믿을 수 있는 사람'이라는 신뢰를 얻지 못하면 정치로 세상을 바꿀 기회를 얻지 못해요. 유능한 사람보다 믿을 수 있는 사람이 조직의 운을 바꿔 줍니다.

회사나 집안의 운을 짧은 기간에 바꿀 수 있는 팁이 있을까요?

구성원의 이야기를 잘 들어 주세요. 기업을 운영하는 내 지인은 사원이 제안하거나 말을 걸어오면 어떤 내용이든 평가하지 않고 "좋네요"라고 긍정한답니다. 실현 가능성이 없어도 일단 믿고 반응해 주니, 젊은 직원들이 늘 적극적이고 결국 알아서 해결책을 찾아간다더군요. 그 회사는 정말 잘 운영되고 있어요.

가정에서도 마찬가지예요. 야구선수들이 캐치볼 훈련을 하듯이, 서로의 말을 듣고 "아 그래? 그랬구나"라고 되받아 주기만 해도 상대는 말을 이어갈 수 있어요. 아내가 "꽃구경 다녀왔어" 하는데 "한가해서 좋겠다"라고 딴소리를 하면 다툼이 생기겠죠. 아이들과의 대화에서도 마찬가지예요. 먼저 들어 주고 긍정하면 절로 성장합니다. 한마디로 귀로 운을 트는 거죠.

개인이 자기 운을 개선하는 가장 빠른 방법은 무엇입니까?

운이 방향을 틀려면 운 좋은 사람, 타인의 행복을 생각하는 사람을 가까이해야 합니다. 운 좋은 사람과 나쁜 사람은 끼리끼리 모입니다. 서로 끌어당기는 법칙이라고 할까요. 제가 예전에 소매치기 한 명을 변호하게 되었는데, 그 의뢰인 주변 사람들이 계속 찾아오면서 소매치기 전문 변호사처럼 되어 버린 적이 있습니다. 소매치기 주변에 소매치기들이 모여 있었던 거죠. 그 뒤로 변호 일을 사양하게 되었어요. 어느 분야나 마찬가지입니다.

선생은 주변에 가까이하는 운 좋은 사람이 있습니까?

자동차용품 판매업체 옐로햇(Yellow Hat)의 창업주 가기야마 히데사부로 씨예요. 그는 슈퍼마켓에서 식품을 살 때 일부러 유통기한이 임박한 것을 산다고 합니다. 유통기한이 지난 음식이 쌓여 슈퍼마켓이 손해를 보면 결국 서비스가 나빠지고 소비자들도 손해를 볼 테니, 기왕이면 나부터 먼저 해결해 주자는 생각에서지요. 그는 택시를 타면 항상 "거스름돈은 됐어요"라고 합니다.

니시나카 쓰토무 변호사도 가기야마 씨를 본받아 안 팔리는 그림을 사는 취미가 있다고 했다.

어쨌든 작은 일에서부터 지역사회의 운을 먼저 생각하니 사업이 잘될밖에요. 지금 옐로햇은 연 매출액이 1조 원이 넘는 기업으로 번창했습니다.

국가나 민족에도 운이 있다고 보십니까?
국가, 민족에도 운이 존재합니다. 과거의 국가지도자가 무엇을 했는지, 국민이 어떤 삶을 살았는지를 살펴보면 그 역사가 행운과 불운을 증명해 주고 있어요. 도덕적 과실을 깨닫고 더 많은 국민의 행복을 위해 활동하는 국가와 민족은 앞으로가 더 좋은 운명입니다.

좋은 운을 유지하기 위해 선생은 구체적으로 어떤 실천을 하고 있습니까?
운은 인연에서 옵니다. 그래서 사람을 만나면 큰 목소리로 인사합니다. 연말엔 꼭 자필로 연하장을 써요. 지금도 매년 2만 장씩 쓰고 있어요. 그리고 생명의전화 상담원으로 10년째 근무하며 연간 1만 명을 상담하고 있습니다. 내 나이 74세지만, 양로원의 경청 봉사활동도 하고 있습니다. 100만큼 일하면 보수로 80을 받고 20을 타인

"'남들 다 하니 괜찮아'라고
생각하지 말고,
스스로 도덕적 잣대를 갖고 살아야
불운을 피할 수 있어요.
따지고 보면 불운만 피해도
얼마나 감사한 인생인지요!"

나가키 마루

에게 돌려줍니다. 잠자리에 들 때는 늘 나한테 베풀어 준 은인을 생각해요.

중년 세대에 비해 지금 한국의 청년 세대는 나아질 희망이 없으니 '운이 없다'라고 체념하곤 합니다. 장기 불황에 직업도 구하기 어려우니까요. 이들에게 조언을 부탁드립니다.

운은 조건으로 결정되는 게 아닙니다. 그렇다고 신비롭고 막연한 것도 아니에요. 나의 운은 항상 남의 운과 연결되어 있다고 생각하면서 은혜를 갚아야 한다는 마음을 지니면 예외 없이 좋은 운이 들어옵니다. 무엇보다 도덕적 과실을 깨닫고 사세요. '남들 다 하니 괜찮아'라고 생각하지 말고, 스스로 도덕적 잣대를 갖고 살아야 불운을 피할 수 있어요. 따지고 보면 불운만 피해도 얼마나 감사한 인생인지요!

(2017년 11월)

오랜 세월 갈등과 불운을 전문적으로 다뤘던 노변호사가 터득한 권선징악의 이치는 '혹시 나만 손해 보고 사는 것은 아닌가' 우려했던 사람들에게 안도감을 선사했다. 사람들은 페이스북을 통해 이 인터뷰를 거듭 공유했고 카카오톡으로 친구와 가족에게 선물처럼 안겼다. 좋은 운이 공기를 타고 퍼지듯, 노변호사의 지혜가 탁해진 사회의 공기를 정화시켰다. 더불어 나의 운이 남의 운, 사회 전체의 운과 연결되어 있다는 말은 작게나마 행동의 변화를 일으켰다.
나 또한 슈퍼마켓에서 일부러 유통기한이 임박한 우유를
골랐고, 돈이든 기회든 내가 받은 은혜를 남에게 되갚기
위해 노력했다.

'운은 하늘의 귀여움을 받는 것'이라는 멋진 답변으로
웃음 짓게 했던 니시나카 쓰토무 변호사. 그는 2018년 8월
저세상으로 떠났다. 운을 은혜의 메시지로 전했던
이 인터뷰가 생전 고인의 마지막 전언이 되었다.

디자이너 노라노

능력도, 체력도
10프로는 남겨 뒤야 해

90세 현역 디자이너를 찾아가는 길은 간단했다. 내비게이션을 사용하지 못하는 나이 드신 택시기사도 학동사거리 모퉁이 하얀 집을 쉽게 찾아냈다. "그분이 의상 일을 오래 하셨죠? '노라노'라는 이름 아주 옛날부터 들었어요. 저 자리에서만 한 30년째 봤어요."

만나자마자 노라노 여사는 며칠 전에 동갑내기 90세 노인이 노라노 매장을 찾아왔었다는 이야기를 했다. "학동, 노명자, 노라노"라고 쓰인 쪽지 하나 들고서. 작고한 "베스트 프렌드(한국일보 이무현 기자)"의 친구였던 그 노인은 양로원 수속하러 서울 왔다가 죽기 전에 노라노를 한번 보고 가자는 일념으로 청원경찰 두 명과 함께 찾아왔다.

"노인의 얼굴을 보고 내가 저렇게 늙었겠구나, 했어요."

그녀가 인절미와 원두커피를 앞에 두고 호탕하게 웃었다. 누군가는 조용히 삶을 정리하러 양로원으로 들어가는 나이에, 그녀는 여전히 현직 디자이너로 유럽에 수출할 옷의 패턴 작업을 하고 있다.

매일 아침 5시에 기상해 스트레칭과 산책을 해 온 습관 덕에 허리는 꼿꼿하고 얼굴빛은 더없이 맑았다. 10년 전에 그녀를 만났을 때도 지금과 똑같은 검은 정장에 목걸이를 하고있었다. 시간이 흘러도 변하지 않고 그 자리에 있는 유럽의 석조 건물처럼, 선생 자신이 살아 있는 한국의 유물로, 세련된 좌표로, 매일 아침 저 자리를 지켰다. 가히 혁신에 가까운 성실함이다.

"요즘에 디자인은 안 해요. 내 걸 주장하면 젊은 사람만 힘들지요. 대신 스타일화를 보고 옷의 구조를 만드는 패턴만큼은 내가 떠요. 기초가 튼튼하니 정실장(브랜드 Nora Noh를 경영하

47

는 그녀의 조카며느리 정금라)이 나를 이렇게 오래 써먹는다니까, 하하하."

그런 그녀가 얼마 전 고객의 성화에 못 이기는 척 디자인한 웨딩드레스는 영국 왕세손비 케이트 미들턴 스타일이었다. 그 시들지 않은 동시대적인 감각이란! 나는 이 현대적인 젊은 노인을 깊은 존경의 마음으로 쳐다보았다. 전쟁 중에 한국 최초로 패션쇼를 연 유학파 디자이너이자 1960년대 윤복희를 앞세워 미니스커트와 판탈롱의 시대를 연 유행 선도자, 1979년 이미 뉴욕 7번가 메이시스 백화점 1층 쇼윈도를 '노라노'로 점령하고 연간 천만 달러 이상 대미 수출 실적을 올린 유일한 산업형 디자이너, 70년간 중단 없는 작업으로 "내가 샤넬을 이겼어!"라고 웃으며 말할 수 있는 세계 최장수 현역 디자이너를.

내가 염색한 미국 군복 바지를 입고 다니던 전후의 그 극빈한 시절에도 어딘가에 패션이 있다는 건 얼마나 놀라운 사실인가. 더 신기한 건 지난날을 현재의 정신 연령으로 윤색하지 않고 사실을 그대로만 기술한 이 영원한 현역의 맑고 투명한 정신력이다.
- 노라노의 책《노라 노, 열정을 디자인하다》에 실린 박완서의 글

90년을 살아 보니 인간은 어떤 존재라는 깨달음이 있습니까?

내가 살아 보니 인간은 근본이 두 가지예요. 첫째로 게을러요. 둘째로 이기적이지만 그렇게 뻔뻔하진 않아. 그래서 좋은 마음이 생기면 오래 생각하고 주저하면 안 돼요. 머리에 떠오르면 바로 액션을 해야 한다고. 매일 아침 5시에 일어나는 것도 나는 5초 만에 기립이야. 미국 유학도, 패션쇼도, 수출도, 심지어 IMF 때 사업을 대폭 축소한 것도 나는 결정을 하면 바로 실행을 했어요. 계속할 수 있게끔 환경을 정비해 가면서요. 우리 어머니가 너는 시작하기가 어렵지, 한번 하면 참 잘한다, 말씀하셨지요.

예전부터 "나는 평생 건달처럼 살았다"고 일명 건달론을 펼치셨는데 무슨 뜻입니까?

건달 앞에 꼭 백수라는 수식이 붙잖아요. 백수건달. 건달하려면 돈에 연연하면 안 돼요. 건달처럼 살려면 돈에 관심이 없고 살면서 자기 비위를 잘 맞춰야 해요. 나는 항상 나한테 물어봤어요. "노라야! 너 뭐 하고 싶니? 노라야! 너 뭐 먹고 싶니?" 남이 내 비위 안 맞춰 줘요. 내가 먼저 내 비위 맞추고 나면, 남의 비위도 즐겁게 맞출 수 있어요. 그게 건달 정신이죠.

실례지만 하루에 몇 시간 일하십니까?

일곱 시간 노동해요. 토요일에도 정오까진 일해요. 디자인은 안 해. 90세면 내 감각이 안 맞을 수 있으니까. 우리

식구들은 내가 "저거 밉다" 그러면 잘 팔린대. (웃음) 요즘엔 국내 고객뿐 아니라 미국, 프랑스, 영국, 중동에서도 주문이 많아요.

90세 연세에 하루 일곱 시간 노동이 무리는 아니신지요?
일하는 데 최적화되도록 몸 관리를 해요. 어제는 가정부 아주머니가 간식 주러 와서는 나 일하는 거 보고 신기해하더군요. "그림만 보고 그걸 어떻게 만들어요?" 하면서. 패턴 작업은 평면 디자인을 입체 골격으로 만들어 주는 일이라 에너지가 많이 들어요. 다행히 나는 그 기본기를 스무 살에 미국에서 배웠어요.

노라노는 1928년 한국 최초의 방송국인 경성방송국을 설립한 아버지(노창성)와 한국 최초의 여자 아나운서인 어머니(이옥경) 사이에 10남매 중 셋째로 태어났다. 열아홉 살 때 패션디자인을 공부하기 위해 미국으로 떠났지만, 혼돈 속의 고국으로 다시 돌아와 한국 최초의 디자이너로 활동을 시작했다.
그녀의 본명은 노명자. 노라는 여성해방의 불씨를 당긴 노르웨이 극작가 입센의 〈인형의 집〉 주인공 이름이며, 동시에 열아홉 살에 이혼 후 독립을 선언한 노명자가 미국행 여권에 써넣은 제2의 이름이다. 노라노는 17세에 일본군 장교 신응균과, 38세에 미군 장교 출신 짐 핀클과 짧은 결혼생활 후 이혼했다.

'야망의 불꽃'을 간직하고 살아왔으리라 예상했는데 정반대의 말씀을 하셨어요. 젊은이들한테도 야망을 위해,

이익을 위해 일하는 건 멋진 인생이 아니라고요. 무슨 말인가요?

내가 얼마 전 파티에서도 그랬어요. 행복하려면 크게 출세할 생각 말고 웬만큼 살라고. 부러워하지 말고 네 몫만 찾아서 살라고. 크게 출세하고 성공하는 사람 뒷조사해 보면 다 분노가 있어요. 내가 얼마 전 박경리 선생 수필을 읽었는데 처음부터 끝까지 분노가 부글부글하더라고. 그러니 《토지》라는 그 어마어마한 대작을 쓴 거예요. 하지만 행복하게 살려면 출세할 희망을 버리는 게 좋아요.

선생도 열아홉에 이혼녀로 미국 유학을 떠날 때 마음에 분노가 가득했다고 하지 않았습니까?

그랬지요. 내가 지금 요만큼이라도 된 건 이혼하고 사회적 지탄을 받고 집에서도 쫓겨난 게 너무 억울해서예요. 내가 내 삶을 살겠다는데 왜 그리 말들이 많아. 그런데 그 분노도 없었으면 요만큼도 못 이뤘을 거예요. (웃음) 분노를 잘 승화시켜서 다행히 좋은 결과가 나온 셈이죠.

그 분노를 출세욕이 아니라 당대의 소명으로 풀어낸 게 참 놀랍습니다. 미국에서 취직하고 자리를 잡았는데도 굳이 전쟁 직전에 고국으로 돌아오셨지요?

그랬어요. 그랬지요. 그 당시 유학 떠난 사람 중에 돌아온 사람은 나밖에 없어. 밖에서도 다들 어려운 처지라 내가 유학생들 불러다 불고기를 해 먹이곤 했어요. 그런데 그이들 중에 돌아와 고맙다고 말하는 사람이 하나도 없더구먼. (웃음) 어쨌든 나는 내 고국에 내가 배운 걸 갚아야 한다고 생각했어요. GNP 57불이던 시절에 어머니가 내 비행기 값 1천 불 중에 650불을 마련해 줬거든.

노스웨스트 항공 기록에 따르면 김자경오페라단의 김자경에 이어 미국행 비행기를 탄 두 번째 여성이 노라였다. 1947년에 LA의 프랭크 왜건 테크니컬 칼리지(Frank Waggon Technical College)에서 디자인을 공부하고 스포츠의류 회사에서 일하던 노라노는 1949년에 주변의 만류를 뿌리치고 귀국했다. 이듬해 6.25 전쟁이 터졌다. 그녀는 피난지 부산으로 내려가 병원에서 피난민을 간호했다. 마취제도 없이 다리를 잘라야 했던 소녀가 아직도 기억에 선하다고 했다. '패션 대신 의학을 했으면 사람들을 살렸을 텐데' 후회도 했다. 서울로 돌아와서는 수순처럼 다시 의상실을 개업했다. 형제 많은 집안의 실질적인 가장 노릇은 그녀 몫이었다. 그렇게 전쟁은 전쟁대로 일상은 일상대로 흘러갔다.

전쟁 중에도 비참함과 화려함을 다 관통하셨습니다. 그 삶의 간극에 현기증이 일 정도인데요.
해야 할 일을 한 것뿐이에요. 부산 병원에서는 죽어 가는 사람 돕는 게 일이었어요. 서울에 와선 또 돈을 벌어야 하니까 옷을 만들었죠. GNP 57불 시절에 누가 옷을 사 입겠냐 했지만 의외로 고객이 많았어요.
　　그걸 미국 NBC 방송국에서 "전쟁 중에도 문화가 살아 있다"는 취지로 찍어 갔어요. 1953년에 취재진 앞에

"좋은 마음이 생기면
주저하면 안 돼요.
머리에 떠오르면
바로 액션을 해야 한다고."

서 최초로 비공개 패션쇼를 했죠. 전쟁 중이면 모든 게 스톱될 것 같지만, 일상도 낭만도 계속돼요. 그게 희망인 거죠. 내가 의도한 건 아니에요. 난 그저 오는 걸 막지 않고 피하지 않았어요. 물 흐르듯이 살았죠.

그녀의 뒤로 미술작가 조덕현의 입체 초상 작품인 〈노라노〉가 걸려 있다. 콩테로 그려진 담백한 상반신 아래로 무명천이 액자 밖으로 강물처럼 흘러나온 유명한 설치물이다. 2008년 81세의 노라노를 모델로 한 작품이지만, 90세의 지금 모습과도 다르지 않다. 조덕현은 "노라노는 한국 사회에 서구의 패션 트렌드를 전수한 데서 그치지 않고 문화혁명가의 삶을 살았다"고 기록했다.

돌아보니 인생 전성기는 언제던가요?

50대에서 60대 사이가 참 좋았어요. 미국에 한창 수출할 때죠. 국산 물실크를 개발해서 만든 내 옷이 뉴욕 삭스 백화점에서 나부낄 때, 〈뉴욕타임스〉나 〈시카고 데일리 뉴스〉에서 "노라노는 시대감각에 맞고 절제된 멋이 흐른다"는 평을 봤을 때, 기분 최고였죠. 하와이 쇼 후엔 "마담 노는 뼛속까지 시크하다", "엘레강스의 정점이다"라는 찬사를 들었어요. 정말 신이 났지요. (웃음)

1973년, 그녀는 국산 물실크를 개발하기 위해 한강에 돛단배를 띄우고 실크 원단을 매달아 물에 씻는 혁신적인 수세 공법을 감행했다. 우리나라에서 패션이란 장르가 꽃을 피우려면 반드시 우리 땅에서 생산된 원단을 써야 한다는 철칙 때문이었다.

가만 보면 성실과 혁신을 양손에 쥐고 오가신 듯합니다. 운동, 식사, 노동 시간은 칸트의 시계처럼 규칙적이지만, 인생 여정을 길게 보면 두 번의 이혼, 파리 프레타포르테 첫 진출 등 파격적인 점프가 많았습니다. 현실에 머물고자 하는 마음과 나아가고자 하는 마음, 두 마음에 충돌이 있지는 않았는지요?

그냥 자연스러웠어요. 생각은 옳은 길을 가면 다 만나게 되어 있어요. 일례로 미국 수출할 때도 프린트 공장을 세워서 마티스나 미로 같은 화가의 그림을 도안으로 썼거든요. 그런데 나중에 알고 보니 이브 생 로랑도 똑같은 시기에 나와 같은 작업을 했더라고. 나는 서울에, 그는 파리에 있었는데도 멀리서 같은 길을 갔던 거죠. 그런 게 참 신기해. 성실과 혁신도 다르지 않아요. 성실이 쌓이면 자연스레 혁신으로 가게 되는 거죠.

'실용적이고 고급스럽게'가 선생의 생활 신조이자 패션 신조였지요?

맞아요. 복잡한 생각, 쓸데없는 생각 안 하고 살았어요. 옷도 허세 없이 실용적이고 멋스럽게 만들려고 했지요. 산문시를 쓰듯이. 군더더기가 있으면 시가 안 되잖아. 그래서 그런지 예전 고객들이 지금도 옷 해 내라고 난리야. (웃음)

만드는 옷에는 다양한 컬러를 쓰면서도 늘 블랙만 입으십니다. 이유가 있습니까?

검정을 좋아한다기보다 일하기에 좋은 복장이라 그래요. 다른 색이 들어가면 구두에서 가방까지 다 색을 맞춰야 하잖아. (웃음) 지금 입고 있는 옷도 다 30년이 넘은 옷이 에요. 액세서리도 똑같죠.

일하는 게 그렇게 즐거우신가요?

내 행복은 일에 있어요. 일해야 행복해요. 일을 안 하면 봉사라도 해야 해. 사람은 무용지물로 살면 자기 가치를 잃기 쉬워요. 나이 들어도 생산적인 일을 안 하면 죽기만 기다리게 된다니까. 얼마 전 98세 되신 철학자 김형석 선 생을 만났는데 그분도 인생에서 가장 중요한 게 일이라 더군요.

98세의 김형석과 90세의 노라노. 100세를 앞둔 두 거인이 만났다는 사실이 자못 신기했다. 두 분이 소개팅하셨냐고 물었더니 노라노 여사가 호탕하게 웃었다.

소개팅을 빙자한 식사 자리였어요. 호기심이 일었지요. 아니나 다를까, 그분도 일을 위해 거추장스러운 건 다 버 리셨다고 하더군요. 100세에 이르니 가장 감사한 건 일 을 한다는 것이고 가장 힘든 건 고독이랍디다.

선생은 외롭다고 느껴진 않습니까?

바쁜데 뭐가 외로워요. (웃음) 일하느라, 가족 건사하느 라 정말 바빴어요. 요즘엔 인터넷으로 정보를 얻지만, 예전엔 뭐든지 발품을 팔아야 했으니 더 바빴지. 뉴욕, 파리, 밀라노, 로마 다 두 발로 걸어 다니면서 공부했어요. 하루에 100여 벌씩 옷을 입어 보느라 호텔에 오면 파김치가 되어 쓰러졌다고. 여든네 살까지 파리에 다녔어요.

혜택받은 사람이라고 생각하시나요?

그럼요. 부모의 혜택을 정말 많이 받았습니다. 어머니께 손님을 정중히 맞이하는 귀족 교육을 받았다면 아버지께는 일하는 사람을 소중히 대하는 서민 교육을 받았어요. 아버지는 고아이지만 자수성가한 분이셨는데, 누가 일하는 사람을 못살게 굴면 바로 모가지를 날리셨어요. (웃음) 일하러 온 시골 애들이 말귀를 못 알아들어 우리 형제들이 비웃으면 크게 나무라셨죠.

"저 아이들과 너희 차이는 딱 하나다. 어떤 부모를 만났느냐. 부모 잘못 만나 불우해진 이웃을 보면 차별하지 말고 관대하게 대해라." 그 말씀을 평생 잊을 수가 없었어요. 미국 있는 남동생이 "누나는 나의 아버지였다" 그러면서 나한테서 평생 노력해라, 정직해라, 관대해라, 이 세 가지를 배웠다는데, 그게 다 아버지 말씀이었어요.

어머니는 어떤 분이셨습니까?

우리 어머니는 지성과 미모를 갖춘 '프린세스'였어요. (웃음) 젊을 때 사고로 다리가 불편하셨는데도, 항상 저보다 먼저 일어나 화장하고 커피 내려서 아침을 맞이하셨어요. 이방자 여사(대한제국 마지막 황태자 영친왕의 부

"70년 동안 쉬지 않았다는 점에선 내가 샤넬을 이겼어!"라고 웃으며 말할 수 있는 세계 최장수 현역 디자이너 노라노. 1974년 그는 뉴욕에서 〈노라노 실크 패션쇼〉를 열었다.

사진: 노라노 제공

인)도 우리 집에 두 달 정도 머무셨는데 엄마와 잘 맞았어요. 검소하고 기품이 있으셨지요. 반면 나는 자유분방한 성격이라 어머니는 나를 늘 불안해하셨어요. (웃음)

시대를 앞서가셨으니까요. (웃음) 열아홉에 이혼하고 여의도에서 미국행 비행기를 탈 때 그 앞에 이런 인생이 펼쳐질지 예상했나요?

앞서가려고 의도한 게 아니에요. (웃음) 돈도 없고 기술도 없고 아는 사람도 없는 상황에서 어떻게든 독립할 방도를 찾아야겠다는 생각만 간절했지요. 유학을 알선해준 은인인 조선식산은행의 스미스 사장 비서 자리도 쉽게 찾은 건 아니었어요. 영어와 타이핑 실력이 있어야 한다고 해서 타자기 자판을 종이에 그려서 닳도록 연습하고, 영어회화책을 매일 밤 베고 잤다니까요. (웃음)

그래도 기특한 건 희망이 있었다는 거. 지금 하는 일을 열심히 하고 있으면 반드시 누군가 지켜보고 있다는 거예요. 아무리 하찮아 보여도 생각지도 못한 어딘가에서 구원의 손길이 오고, 그 누군가에 의해 한 단계씩 업그레이드가 됐어요.

노라노는 20년 전 가톨릭 세례를 받았다.

90년 동안 하늘에서 많이 봐 주셨어요. 그런데 쉽게는 안봐 주셨지. 기진맥진해서 쓰러지기 직전에 딱 길을 열어주시더라고.

좋지 않은 기억은 없습니까?

50대 때 이런 일이 있었어요. 30년 사회생활하니 날 모략하는 사람도 나타나더군. 너무 분해서 전화기를 들었어요. 세 번쯤 전화기를 들었다 놨다 하며 생각해 보니 30년간 날 괴롭힌 사람이 딱 두 사람하고 반이에요. 나머지는 다 나를 도와준 사람이더라고. 얼마나 감사한지, 그때부터는 싫은 사람을 보면 마음으로부터 좋은 점을 찾아서 찬양하기 시작했어요. 사람 미워하고 가리기 시작하면 끝이 없잖아. 이후로 극복이 됐어요. 그 뒤로 40년이 더 지났지만, 여전히 미웠던 사람은 딱 두 사람 반이야. (웃음)

인생에서 제일 잘한 것을 두 가지만 꼽으신다면요.

첫째는 이혼한 거, 둘째는 미국 시장 진출한 거예요. 그만큼 인생에선 잃는 것과 얻는 것이 공평해요. 그리고 살다 보면 알게 돼. 인간은 더도 덜도 말고 딱 자기 생긴 모양만큼 살게 된다는 걸 말이지요. 자기가 가진 것 이상을 하려 들면 스트레스만 받지 더 잘되지도 않아. 그렇다고 밑으로 떨어지지도 않죠.

얼마만큼 노력해야 적절한 겁니까?

일할 때 능력과 체력의 한계에서 10퍼센트 정도 여유를 둬야 해요. 젊은이들한테도 내가 당부를 해요. 100퍼센트 다 하려고 하지 말라고. 얼마 전에 만난 사람이 자기는 에너지의 120프로를 쓴다고 자랑을 해서 내가 "그거

"내가 지금 요만큼이라도 된 건
이혼하고 사회적 지탄을 받은 게
너무 억울해서예요.
내가 내 삶을 살겠다는데
왜 그리 말들이 많아."

위험하지 않아?" 걱정을 했어요. 아니나 다를까 엊그저께 쓰러졌대. 여러분들은 아직 인생을 반도 안 살았잖아. 그러니 내 말을 믿어요. 90년 산 내 지혜로 말하면 항상 10퍼센트는 남겨 둬야 해.

요즘엔 주로 어떤 기억이 떠오르시나요?

90년 인생이 영화처럼 다 떠올라. 세 살 때 기억이 유독 선명해요. 일곱 살까지 할머니 댁에서 자랐는데, 주말이면 인력거를 타고 어머니를 뵈러 갔어요. 인력거에서 내려서 엄마한테 달음질쳐 가던 모습이 기억나요. 어찌나 기쁘던지……. 미국 있을 때 안창호 선생 아들(할리우드에 진출한 최초의 한국 배우 필립 안)과 소개팅도 했고, 프랭크 시내트라한테 장미꽃을 선물받은 기억도 생생해요. (웃음) 참 로맨틱한 인연이 많았지요.

누가 보고 싶으신가요?

부모님, 할머니…… 돌아가신 분들이 보고 싶죠. 엊그저께 죽은 친구도 보고 싶어요.

나중에 그분들 만나면 뭐라고 하고 싶으세요?

고맙다고. 특히 외할아버지(외조부 이학인은 영친왕의 영어 교사였고 그 시절에 사파리 재킷을 입을 만큼 멋쟁이 신사였다) 덕에 잘살았으니 뵈면 고맙다고 꼭 말씀드리고 싶어요.

어떤 사람으로 기억되고 싶으세요?

장인정신이 있었던 사람. 디자이너는 고상하지 않아요. 항상 고객의 신체와 취향을 맞추는 감정노동자고 동시에 장인이에요. 과대평가는 싫어. 그저 해야 할 일을 했던 사람. 욕심 없이 순리대로 쉬지 않고 계속 갔던 사람. 그 정도면 좋겠어요.

일하는 70년 동안 쉬신 적은 한 번도 없습니까?

없어요. 그 점에선 내가 샤넬 여사보다 한 수 위야. 샤넬을 이겼다고. (웃음) 그래도 필요 이상의 확장은 안 했어요. 접을 땐 딱 접었죠. 예전에 모 대기업 회장 부인이 "노 여사는 왜 더 확장을 안 해?" 물어서 내가 그랬어요. "했으면 병원 갔을걸! 회장들처럼 말년을 병원에서 보내라고? 난 싫어. 이래 봬도 나 백수건달이야." (웃음)

그녀는 '직업은 소중하되 사람을 구속하니, 스스로 인간으로 살기를 멈추지 말아야 한다'는 당부를 잊지 않았다. 헤어질 때 왠지 아쉬워 오래 그녀를 안아 보았다. 나보다 더 곧고 단단한 몸이었다. 아침 5시에 일어나 하루 일곱 시간 노동하는 90세 백수건달이 마지막 인사를 전했다. "스스로 잘났다고는 생각해 본 적이 없었어요. 그래도 인간적으로는 꽤 쓸 만한 사람이었다고 생각해요."

(2017년 11월)

이제까지 노라노를 세 번 만났다. 70대 중반과 80대 초반,
그리고 90세가 되던 해. 항상 검은 정장 차림이었고, 함께
즐겁게 식사를 했으며, 여전히 일하는 중이었고, 보람차게
일터로 돌아갔다. 주름살도, 체중도, 사는 곳도 변함이
없었다. 늘어난 건 나이와 웃음과 활력뿐.

한국 패션사에서 늘 최초였던 그녀가 여전히 현역이라는
사실은 충격이자 안도로 다가온다. 늘 새로운 유행과 젊은
스타 디자이너의 출몰에 조로하기 쉬운 패션계에 90세
현역 노라노는 꺼지지 않는 등대와 같다.

나 또한 노라노 여사처럼 즐겁게 오래 일하고 싶다.
내 그릇을 알고, 야망을 앞세우지 말며, 에너지의
10퍼센트를 남겨 둔다면, 앞으로 100세가 되는 노라노
여사를 한 번 더 인터뷰할 수 있으리라.

적당히 두려워하고
약간 비겁해지세요

동물행동학자 최재천

"이 까치 멋있지요? 참 댄디한 새예요. 보고 있으면 옷 잘 입는 멋쟁이 남자 같아. (웃음) 이 잎꾼개미는 대단한 농사꾼이에요. 인간보다 더 오래 경작생활을 했어요. 이 돌고래 표정 좀 봐요."

최재천 교수의 연구실이 있는 종합과학관은 이화여대에서도 '골고다 언덕'으로 유명한 뒷산 끄트머리에 있었다. 12월의 칼바람을 피해 연구실로 들어서니 햇살이 나지막이 비춰드는 모양이 꼭 봄날 새 둥지 같다. 그 안에서 긴팔원숭이, 멕시코 야생조, 까치와 돌고래 인형들이 여기저기 똬리 틀고 앉아 있었다. 동물학자의 표정은 더없이 온화했다. 명함을 받아드니 '최재천', 그 이름 석 자도 동물 삽화와 함께였다. 같은 언어, 같은 문화권에 살아도 소통과 공감이 힘들다고 아우성인데, 그는 어찌 이리도 다정하게 동물과 친교할 수 있을까?

그가 쓴 《숲에서 경영을 가꾸다》를 읽어 보면 교수사회 온갖 보직을 피해 다니며 '얌체처럼' 살던 그가 500명이 모인 신생 조직 국립생태원의 초대 원장으로 얼떨결에 성공하기까지, 숲과 공직사회를 넘나드는 즐거운 고생담이 가득하다.

갯벌을 메워 공장을 짓겠다는 군민을 설득해 2014년 개장한 국립생태원은 개장 첫해부터 100만 명이 넘는 인파가 몰려들었다. 그가 퇴임하기까지 3년 내내 목표 관람객 수는 300퍼센트를 초과했다. 죽어 가던 지역 경제가 살아났다.

최재천은 그 모든 것이 군림(君臨)의 경영(經營)이 아니라 군림(群臨)의 공영(共營)이 이룬 결과였다고 한다. 혼자 다스리지 않고 함께 일하면 망하기가 더 어려운 일이라고, 여왕개미가, 침팬지가, 꽃과 곤충이 그에게 속삭이더라고.

생태원장으로 재직하던 시절, 그는 SNS에서 화제가 된 적이 있다. 키 작은 꼬마에게 상장을 주기 위해 무릎을 꿇은 사진이 공개되었던 것이다. 그 사진을 보니 책에서 읽은 한 구절이 하모니처럼 떠올랐다.

> 서로 상대를 적당히 두려워하는 상태(일명 상호허겁)가 서로에게 예의를 갖추며 평화를 유지하게 만든다. 우리 인간은 무슨 까닭인지 자꾸만 이러한 힘의 균형을 깨고 홀로 거머쥐려는 속내를 내보인다. 그러나 내가 그동안 관찰해 온 자연은 그렇지 않다. 우리가 자연에서 제일 먼저 배울 게 있다면 이 약간의 비겁함이다.
> - 최재천, 《숲에서 경영을 가꾸다》에서

그때나 지금이나 적당한 두려움과 약간의 비겁함을 행동철학으로 가진 통섭의 대가가 말문을 열었다. 배우 한석규를 닮은 나긋나긋한 목소리로 지나가던 까치도 궁금해 엿들을 만큼 '조용한 왕수다'가 이어졌다.

초대 국립생태원 원장으로 조직을 통솔하고 지휘했다기 보다 작은 전통을 몇 개 만들었다고 했습니다.

저는 기질적으로 카리스마가 없는 리더였어요. (웃음) 돌아보면 어느 조직에서나 작은 전통을 몇 개 만드는 일 정도가 제 몫이었어요. 심지어 젊은 시절 시흥에 있는 군 창고에서 방위병으로 복무할 때도 그랬어요. 서울대생에은테 안경 낀 샌님이었으니 층층시하 얼마나 괴롭힘을 많이 당했겠어요. 마침내 제가 최고참으로 그들 위에 군림했을 때 어마무시한 명령을 내렸어요.

어떤 명령이었죠?

"모두가 서로 존대하고, 자기 일은 절대 남 시키지 말아라."

정말 어마무시한 명령이네요. 그런데 그런 개혁 리더가 떠나면 조직은 더 큰 몸살을 앓습니다.

그렇더군요. 어찌 되었든 군림(群臨)과 공영(共營)이라는 전통을 경험한 조직원은 그전과는 확실히 마음 자세가 달라요.

생태원 직원들이 요즘 만나면 뭐라고 합니까?

억척스럽게 일하셨다고요. (웃음) 저는 왜 우리가 이곳에서 일해야 하는지 그 비전을 공유하는 일을 중요하게 생각했어요. 그래선지 다들 애사심이 넘쳐 신명 나게 일했대요.

그런데 국립생태원을 경영하시면서 건강과 아내의 신임, 두 가지를 잃었다 하셨어요. 생태원의 성공이 이런 삶의 구멍을 채워 줄지 모르겠다고요. 아내가 많이 화가 난 모양이지요?

배신감을 크게 느꼈다고 해요. 제가 젊은 시절엔 '거리 귀신'이라고 불릴 정도로 밤을 패고 돌아다니던 놈이었지만, 미국에서 돌아와서는 아내에게 훈련받아 '집사람'으로 근 20년을 살았거든요. 그랬던 사람이 60줄에 다시 옛날 버릇이 나오니 황당해하더라고요.

집사람으로 살던 시절은 어땠습니까?

미시간 대학에 교수로 있다가 모교인 서울대에서 불러서 급하게 한국엘 왔어요. 그 바람에 아내는 시간 강사로 여러 학교를 뛰고, 육아는 정규직인 제 몫이 됐어요. 저녁마다 일찍 와서 아이를 봤는데, 그게 참 고마운 일이 됐어요. 밤 9시에 아이를 재우고 새벽 1시까지 온전히 네 시간이 내 몫이 된 거예요. 논문과 책을 원 없이 썼어요. 전화 한 통 오지 않고 참 절간처럼 고요한 나날이었죠.

대한민국 남성들 생산성이 떨어지는 게 밤무대를 뛰어서라고 하셨습니다만, 한국 남자가 '집사람'으로 사는 것도 여건상 쉽지 않습니다.

(웃으며) 알아요. 당시에 저도 교수회의에 가면 모든 게 전날 술자리에서 결정돼 있었어요. 불이익을 당해도 어찌할 도리가 없었던 게, 전 선배 교수들보다 제 아내가

더 무서웠어요. (웃음) 미국에서 제 별명이 '미제수면제'였어요. 하버드대학 강단에서 아이를 재워서 한쪽 어깨에 눕히고 가르쳤거든요. 그게 전혀 이상하지 않은 문화였어요. 화학과 교수 한 분은 강의실 한쪽에 아예 아이놀이 공간을 만들기도 했는데, 그분이 노벨상을 받을 때 더 큰 박수가 나왔어요.

하지만 한국은 달랐다. "강의실에 아이를 데리고 오는 무식한 교수"라는 편지도 받았다. 그럴 땐 2년째 그가 다시 오길 기다리고 있는 미시간 대학으로 딱 돌아가고만 싶더라고. 그렇게 세월이 흘러 아이도 자라고 그로서는 진정한 '거리 귀신'으로 돌아갈 수 있는 황금기가 왔건만, 습관의 힘은 무섭더라고. 거리에서 삼겹살을 굽고 있어도 '이 시간이면 책 읽고 쓰기 딱 좋은데' 싶어 발걸음은 어느새 집을 향했다. 그랬던 그가 국립생태원 원장으로 불려가 서천에서 '밤무대의 황태자'로 살았으니 아내가 배신감을 느낄 법도 했다. 3년 넘게 조직의 구성원들과 울고 웃으며 보낸 소통의 비밀은, 칼릴 지브란의 시에도 있는 구절 "함께 있되 거리를 두라"였다.

함께 있되 거리를 두라, 사공이 많아야 배가 제대로 간다……. 통섭만큼이나 참신한 조어를 많이 만들었어요. 확실히 숲과 문명사회를 동시에 경험한 리더로서 오래 삭힌 이야기라는 생각이 들었습니다.
제가 조어를 참 좋아해요. (웃음) 보직을 피하려고 다녀도 작은 조직에 추대를 많이 받다 보니, 제 나름의 스타

일이 있더군요. 저는 리더로서 누구에게나 강압을 한 적이 없어요. 깍듯이 존대했죠. 가까이 있되 거리를 지키려고 했어요. 당장 업적이 안 나와도 개인의 행복을 더 우선시했습니다.

구체적으로 말씀해 주시지요.

사실 실험실 과학은 실험만 성공하면 논문이 되지만, 제가 하는 연구는 까치, 긴팔원숭이 관찰이라 개네가 뭘 안 보여 주면 무작정 기다릴 수밖에 없어요. 논문을 많이 쓸 수가 없죠. 그래도 외국 학계에서는 인정을 하는데, 한국 교수들은 단순 비교로 논문 수가 적다고 저를 비판해요. "연예인처럼 외도한다"고.

어느 날 같은 연구실 쓰는 후배 교수가 그러더군요. "학생들한테 좀 엄하게 해 주세요. 논문 쓰라고 닦달 좀 해 주세요." 제가 그랬죠. "못 합니다. 제 아들한테도 그런 적이 없어요." 그러면 이 엄혹한 경쟁사회에서 어떻게 먹고사느냐고 해요. 다그쳐서 실적이 나오면 연구실엔 좋을지 모르지만, 당사자에겐 좋지 않아요.

교수는 학생이 연구자로서 홀로 성숙해질 때까지 기다려 줘야 해요. 나는 그런 어른이 되고 싶어요. 그런데 재미난 건 제 연구실 출신 90퍼센트가 연구실 시절이 생애에서 가장 즐거운 시간이었다고 해요. 근처만 오면 들러서 한참을 웃고 떠들다 가죠.

더불어 최재천은 한번도 남을 깔본 적 없고 자신이 잘났다고 생각해 본 적이 없다고 했다. "마음을 열고 겸손히 동물들에게 배우자"라는 제인 구달의 말을 가슴에 새기고 산다고. 그러나 과연 '우연의 축복'만으로 지금의 자리에 올랐다는 말이 진심일까?

정말 잘났다고 생각해 본 적이 없나요? 50대에 대학의 석좌교수로 초빙된다는 게 흔한 일은 아닌데요.

저는 1등을 해 본 기억이 없어요. (웃음) 2등까지 가 본 게 다예요. 은메달도 대단한 거지만, 은메달 딴 사람은 자기가 최고가 아니란 걸 알아요. 실패도 많이 해 봤고 바닥도 수시로 기었어요. (웃음) 어쩌다 하버드에서 생물학 박사학위를 받은 최초의 한국 사람이 돼서 언론에서 굉장한 사람처럼 저를 띄웠지만, 제가 연구한 민벌레로 제가 인류 발전에 기여한 적도 없어요.

심지어 민벌레는 너무 하찮아서 아무도 몰라요. (웃음) 하버드대에서 10년 동안 있으면서 '어떡하면 저들과 비슷해질 수 있나'를 생각했어요. 잘난 놈을 너무 많이 봤는데, 심지어는 제가 가르치는 열아홉 살짜리 학생조차 논문 읽고 저한테 덤비면 그 천재성에 등에서 식은땀이 났어요.

그렇게 '잘나지 못한' 그가 얼마 전 세계적으로 권위 있는 과학 출판사 엘스비어(Elsevier)의 백과사전 편찬에서 사회행동 분야 책임디렉터를 맡았다. 동물행동학이 학계의 스포트라이트를 받는 와중에, 대한민국의 동물행동학자가 동양인으로서는 유일하게

"교수는 학생이 연구자로서
홀로 성숙해질 때까지
기다려 줘야 해요.
나는 그런 어른이 되고 싶어요."

최재천

학계의 추대를 받은 것이다. 연이은 '우연의 축복'이었을까?
곧이어 그는 그 백과사전을 책임지는 총괄 편집자로 추대되었다.

대체 어떻게 된 일인가요?

저로선 상상도 못 할 큰 명예죠. 그래서 왜 이런 일이 벌어졌을까 추적을 해 봤어요. 일단 제가 연구한 민벌레는 열대지방에 살아요. 그래서 서울대로 부임했을 때 저는 그 연구를 지속할 수가 없었어요. 설상가상으로 학생들은 코끼리, 침팬지, 돌고래를 공부하고 싶다고 전국에서 몰려왔지요. 돈 없는 교수가 학생들 데리고 아프리카로 갈 수도 없고, 그래서 다 함께 주위에 흔한 개미를 연구했어요.

그렇게 해서 쓴 책 《개미 제국의 발견》(1999)이 영미에선 베르베르의 《개미》보다 훨씬 더 많이 팔렸어요. 나중엔 학생들에게 "너희들 하고 싶은 대로 다해 봐라" 했더니 개구리, 물고기, 딱정벌레, 나비⋯⋯ 아주 사방팔방으로 뛰어다녀요. 그 많은 논문 공부하느라 재미도 있었지만, 한편으론 자괴감도 들었어요. '아! 나는 뭐 하는 놈인가. 하나만 들이팠으면 그 분야에서 대가 소리를 들을 텐데.' 그런데 얼마 전에 엘스비어 출판사가 일곱 명의 학계 대가들의 리뷰를 전해 줬어요.

일곱 명의 생물학 마스터들의 리뷰는 이랬다.
"우리 학계에 최재천만큼 다양한 종을 깊이 있게 연구한 사람이 없으니 백과사전 편집장으로 합당하다." 살다 보니 이런 반전도 있더라고 그가 너털웃음을 터뜨렸다.

핵심이 뭔가요?

제 욕심만 차리지 않고 가능하면 남하고 같이 삶을 추구해도 뒤처지거나 굶어 죽지 않는다는 얘기예요.

자존감이 튼튼하시군요.

저는 2등의 자존감이 강해요. 내가 잠 안 자고 노력하면 2등은 할 수 있겠다. (웃음) 은메달리스트들에게는 억울함, 아쉬움도 있지만 야릇한 편안함도 있어요. 2등으로 가는 길엔 남들 도움을 많이 받아요. 혼자서 뛰면 어렵지만 섞여서 같이 뛰면 슬금슬금 앞으로 갈 수 있어요.

동물에게 배웠습니까?

그럼요. 동물이 사는 모습을 보면 인간을 추측할 수 있어요. 특히 영장류와 개미에게 많이 배웠어요. 영장류는 이인자가 일인자보다 더 오래 많이 누려요. (웃음) 개미는 굉장히 정치적인 동물이에요. 그런데 여왕개미는 절대 군림하지 않아요. 알만 낳죠. 조직의 미래만 책임지고 매일매일은 일개미들이 철저하게 다수제로 그 문화를 만들어요.

리더들도 여왕개미처럼 국가의 철학과 질서만 세우고 일은 완벽하게 군중에게 위임해야 해요. 두뇌 하나가 절대 두뇌 열 개를 당할 수 없어요. 그래서 군림(君臨)이 아니라 군림(群臨)해야 한다는 거예요.

사람 조직은 동물 사회와 달라 '인사가 만사'라는 말도 있습니다. 리더 입장에서도 군림(群臨)이 유지되려면 좋은 인사가 바탕이 되어야 할 텐데요.

인사는 과학이에요. 과학적 인사의 출발점이 뭔지 아세요? 관찰입니다. 다행히 저는 평생 관찰을 하고 살았어요. (웃음) 진화생물학자로 실험실에 가면 가장 먼저 도마뱀 관찰을 시킵니다. 제일 재미없는 동물이거든요. 그늘에 있다가 먹이도 잡고 짝짓기도 하는 그 느리고 느린 과정을 매일 보고 기록합니다. 나중에 그 일지를 보며 중요한 행동을 중심으로 정량화를 하죠.

제가 국립생태원에 있을 때 같은 방식으로 인사를 했어요. 전부는 못 하고 높은 자리에 있는 직원들 중심으로 그들을 관찰하고 기록했어요. 가령 행정만 했던 어떤 직원의 관찰 일지를 보니 꽃을 가꾸고 잡초를 뽑는 행동이 유독 많았어요. 그분을 과감하게 식물관리 연구실장으로 발령냈더니 입이 귀에 걸려 찾아왔어요. 은퇴하면 이런 일을 하려고 자격증도 준비하고 있었다는 거죠. 까맣게 그을려서 신나게 바깥일을 하니 그 즐거움이 조직 전체에 전염이 돼요.

사실 몇 년 전부터 인간을 입자로 보던 뉴턴 경제학이 다윈 경제학을 받아들이면서 행동경제학자들의 목소리가 높아지고 있어요.

따지고 보면 제일 엉성한 학문이 경제학이에요. (웃음) 경제 예측이 맞아떨어지는 경우가 드문데, 그 이유가 경

서울대 동물학과를 나온 최재천은 사회생물학의 창시자 에드워드 윌슨 하버드대 교수 밑에서 생물학 석사 및 박사 학위를 받았다. 1994년부터 서울대 생명과학부 교수로, 2006년부터는 이화여자대학교 에코과학부 석좌교수로 있다. 2013년부터 3년간은 국립생태원 원장을 지냈다.

최재천

제 주체인 인간을 너무 몰라서거든요. 그래서 늦게나마 '행동경제학'이라는 이름으로 인간을 들여다보기 시작한 거죠. 애초에 다윈은 자기가 하는 학문을 '자연의 경제학'이라고 정의했어요.

경제는 인풋과 아웃풋을 가장 중요하게 따지는데, 진화야말로 모든 결정이 손익계산이거든요. 경제학과 진화생물학의 접근이 같은 셈이죠. 그런데 자연이 비정한 적자생존으로만 유지되는 줄 알았더니, 아니에요. 공감과 이타성이라는 자연의 룰이 있어요.

실제로 요즘엔 많은 사회 조직이 정글이나 적자생존보다 생태계나 공생이라는 말을 유행어처럼 쓰고 있지요.
재미있는 게 1980년대만 해도 학회에 가면 남성 생태학자들이 많았어요. 그런데 남성의 90퍼센트는 경쟁을 연구하고 여성은 공생을 연구했어요. 신기하죠. (웃음) 저는 여성성이 더 많았는지 공생에 관심이 갔고, 이제는 확실히 경쟁보다는 공생이 대세가 됐죠.

경영자들에게 추천하는 과학책 목록에 《침팬지 폴리틱스》와 《공감의 시대》라는 프란스 드 발의 책이 두 권이나 있어서 반가웠습니다.
저는 마키아벨리와 손자의 책을 읽은 분들께 프란스 드 발의 《침팬지 폴리틱스》를 반드시 권해요. 그 양반이 침팬지를 연구해서 일약 스타가 됐어요. 최고 권위를 가지려면 다른 수컷과 손 잡아야 한다는 동맹과 협업의 논리가 자연에서부터 나와요. 혼자서 천하를 평정 못 합니다. 오랑우탄도 침팬지와 자식을 같이 키워서 고릴라에게 쳐들어 가죠. 사회성 곤충인 개미도 여러 여왕개미가 동맹해서 천하 통일을 이룬 뒤 그들끼리 피비린내 나는 정쟁으로 일인자를 가려요. 바야흐로 통섭의 정권이 탄생하는 거죠.

최재천은 스승인 사회생물학자 에드워드 윌슨의 《통섭》(2005)을 우리나라에 소개하며 일명 '통섭의 학자'로 스타가 됐다. 통섭이란 뭘까? 통합이 물리적 합침이고, 융합이 화학적 합침이라면 통섭은 생물학적 합침이다. 남남으로 만난 부부가 서로 몸을 섞어 전혀 새로운 유전자 조합을 지닌 자식이 태어나는 과정을 떠올리면 될 것이다. 최재천의 야망은 매우 커서 그는 앞으로 자연과학과 인문학이 소통하는 지성의 통섭을 꿈꾼다고 했다.
세상에서 가장 하찮아 보이는 민벌레를 관찰하며 시작한 그의 학문의 지경은 어떻게 이렇게 깊고 넓어졌을까? 문득 엉뚱한 질문을 던져 보았다.

선생 인생에서 민벌레는 어떤 의미인가요?

그가 씨익 웃으며 미국 곤충학 교과서를 가져와서 민벌레 파트를 펼쳐 보였다. 달랑 두 페이지였다.

이번에 의뢰가 왔어요. 네가 아직 전 세계 민벌레 일인자

"혼자서 뛰면 어렵지만
섞여서 같이 뛰면
슬금슬금 앞으로 갈 수 있어요."

니 개편 교과서를 새로 쓰라고요. (웃음) 제가 반골 기질
이 있어서 남들 다 하는 개미, 메뚜기, 잠자리를 하지 않
고 사회성 곤충으로 진화가 덜 된 이 아이를 선택했어요.
재미있을 것 같아서요. 기를 쓰고 경쟁이 심한 분야에 들
어가지 않고 하고 싶은 걸 했더니, 이젠 이 분야가 또 스
포트라이트를 받아 제가 최고가 된 거예요. 참 재있어요.

**경쟁에 뛰어들지 않고, 하고 싶은 걸 했더니 일인자가 됐
다……. 갈수록 '신의 한 수'군요.**
살다 보니 별일이 다 있어요. 그런데 그게 다 욕심을 안
부리고 살아서예요. 욕심을 부리면 당장은 얻지만 정작
큰 걸 놓쳐요. 소탐대실이죠. 큰 걸 얻으려면 작은 걸 버
려야 해요. 저는 대탐소실형이에요. 평소에 작은 걸 슬슬
남 주고 결정적인 것에 덤비는 거죠. 알고 보면 야비한
놈이에요. (웃음)

**어쩌면 생명계에 최적화된 인간이 아닌가 싶습니다. (웃
음) 리더와 청년 들이 모두 귀담아들었으면 하는 자연의
지혜를 전해 주시지요.**
제가 프란스 드 발의 《공감의 시대》를 번역하면서 배운
게 있어요. 공감은 호모사피엔스만의 특성이 아니에요.
진화를 위해 보존되어 온 동물의 본능이죠. 공감력을 새
로 기를 게 아니라 원래 있던 공감력이 무뎌지지 않게 해
야 해요. 아이들, 청년들의 공감력은 아직 무뎌지지 않았
어요. 어른들이 "양보하지 마라, 쟤보다 1점 더 받아야 한

다." 경쟁 앞세워 젊은이들 공감력을 무시하니 그 분노감에 '헬조선'이란 말이 터지는 거죠.

세계적인 시야에서 보면 한국은 지금 대단히 주목받는 '꿈의 나라'예요. 지금에라도 경쟁이 가져온 뒤틀린 마음, 그 불행감을 걷어 주려면 어른들이 과감하게 말해야 해요. "조직 위해 목숨 바치지 말아라. 개인의 행복이 우선이다. 집에 가라! 여행 다녀라!" 개인이 행복하면 조직이 잘 굴러갑니다.

자연을 연구하는 사람들은 조직이 자연과 닮았다는 사실을 경험으로 알아요. 자연은 남을 해치면 잘 사는 것이 아닌 상태가 되도록 진화했어요. 경쟁관계에 있는 동물은 기껏해야 제로섬게임을 하지만, 곤충과 식물처럼 많은 생물은 서로를 도와서 한계를 뛰어넘어요. 인간도 경쟁에서 살아남으려면 '경협'의 지혜가 필요해요. 경쟁하면서 협동할 수 있어요. 손을 잡아야 살 수 있어요.

(2017년 12월)

'함께 있되 거리를 둘 줄 아는' 최재천의 지혜는 동물에게 배운 것이다. 관찰을 통해서였다. 관찰이란 무엇인가. 섣불리 그 질서에 개입하지 않고 가만히 오래 지켜보는 것. 글을 쓸 때도 사랑을 할 때도, 아이를 키우거나 사업을 시작할 때도, 대상을 알고 이해하려면 얼마의 시간 동안은 가만히 바라보고 기록해야 한다. 그런데 그 가만히 바라보기가 쉽지 않다. 자세를 낮추고 지루함을 견뎌야

비로소 보인다. 생물과 사물이 지닌 그들만의 무질서와
혼돈이, 질서와 아름다움이.
최재천 교수는 그 '가만히 바라보기'가 훈련된 사람이다.
그가 동물에게 배웠듯, 우리도 그에게서 배운다.
평화롭게 살기 위해선 서로를 관찰하는 데 아낌없이 시간을
투자해야 한다.

최재천

치매 어머니와 산 9년, 후회 안 해요

요리 블로거 정성기

홍성녹©프나

인간은 죽음으로써 지구 존속에 기여한다. 죽음이야말로 인간이 후손을 위해서 베푸는 가장 큰 은혜다. 그러나 이미 100세 시대. 죽음이 어디 제 뜻대로 될까.

'스머프 할배'라는 애칭으로 불리는 정성기는 94세 치매 어머니를 모시고 산다. 그냥 모신 게 아니다. 쌀가루크림수프, 간장게장, 물김치…… 손이 많이 가는 음식들로 삼시 세끼 극진한 밥상을 차려 낸다. 그 세월이 9년째다. 아들은 어머니를 '징글맘'이라고 부른다. 새로운 요리 100개만 해 주고 끝내리라던 작심이 508개까지 이어지자, 아들은 밥상 일기를 책으로 펴냈다. 《나는 매일 엄마와 밥 먹는다》. "고통과 소진 속에서 절규하며 남기는 기록"이지만, 표면은 웃기고 파란만장한 모자의 동거담이다.

대책 없이 뻔뻔한 어머니는 아들에게 "너는 에미 덕에 서양 요리, 청 요리, 일본 요리도 배웠으니 굶어 죽지는 않겠다. 고마워해라"고 호통을 친다. 숟가락에 올린 굴비를 까먹고 "너는 왜 굴비를 안 주냐?"고 다그치다, 금세 "내가 너무 먹지? 식탐만 살아서 큰일이다" 미안해한다.

육아가 그렇듯이 효도도 추상적인 것이 아니다. 한 인간이 자립 능력 없는 한 인간을 온전히 돌본다는 것은 우울증의 침입에 수시로 시달리는 일이며, 불쑥불쑥 찾아오는 자살 충동과 싸워야 하는 일이다. 현실이 그러할진데, 돌봄의 물증으로 어린 시절 부모에게 대출받았던 '음식'이라는 빚을 착실하게 갚아 나가는 그 삶이 어떻게 가능했을까? 게다가 밥으로, 똥으로 원색적인 시위를 일삼는 노모 옆에서, 60대 할배는 '파워블로거 요리사'라는 남다른 성취까지 이뤄 냈다.

정성기

모자는 부천 소사구 송내의 20평 남짓한 아파트에 둘이 산다. 눈이 온다는 예보가 있던 초겨울 저녁, 심호흡을 고르고 문을 두드렸다. 1인용 소파 베드에 고양이처럼 앉아서 캐러멜을 까 먹는 징글맘, 등받이도 없는 플라스틱 의자에 앉아 컴퓨터 자판을 두드리던 스머프 할배와 눈이 마주쳤다. 눈을 뒤집어쓴 듯 둘 다 머리가 새하얬다. 고목처럼 삭은 몸으로도 집요하게 먹는 자와 과로로 이빨이 빠진 채로도 집념으로 먹이는 자.

스머프 할배가 멋쩍게 웃었다.

"이렇게 살아요."

널브러진 이불, 휠체어, 속옷 보따리, 1인용 탁자…… 치매 노인과의 동거는 부끄러울 것도 없이 어수선하지만, 속수무책인 듯 보이는 이 공간에도 질서와 위용을 자랑하는 공간이 있다. 부엌이다. 무기고를 자랑하는 장군처럼 스머프 할배가 의기양양하게 냉장고와 찬장을 열어 보였다.

"간장도 종류별로 다섯 가지고요, 두반장, 레드와인, 화이트와인, 월계수 잎…… 달걀도 유기농만, 소고기도 한우만 드려요. 전 수입 고기 먹어도 어머니에겐 최고급으로 요리해 드립니다."

그는 5남매의 맏이다. 치매를 앓다 요양병원에서 생을 마감하신 아버지에 대한 후회가 컸던 터라, 형제들을 대표해서 직장을 그만두고 어머니 간병을 맡았다. 가족이 있는 보문동 집을 나서서 어머니가 계신 부천 아파트로 트렁크를 끌고 올 땐, 길어야 1년이 될 거라고 예상했다. 2008년, 그의 나이 57세였다.

1년 작정으로 시작한 일이 어느덧 9년이 됐다고요.

처음에 어머니 변이 까맸어요. 의사들이 6개월 넘기기 힘들다고 했죠. 돌아가시기 전에 밥 한번 제대로 해 드리자 해서 시작한 거죠. 그런데 그 밥을 드시고 점점 기운을 차리셨어요. 의사들이 기적이라고들 해요.

노인에게 식탐은 살고 싶다는 의지다. 새벽밥을 안치고, 대소변 빨래를 하고 간식을 챙기고 잠시 깜빡 줄 새도 없이, 모친은 "배고프다, 밥 다고! 밥 다고!" 노래를 했다. 어린아이가 한 몸 안에 포개진 그 육체 안에, 먹는 환희와 못 먹는 노여움이 무질서하게 드나들었다.

한편으로는 독박 희생이 억울하다 싶기도 할 텐데, 식구들과 불화는 없었나요?

다른 식구가 하룻밤만 대신해 줘도 좋을 텐데, "저것들은 오면 내가 밥해 줘야 돼" 하면서 거부하세요, 하하. 어머니가 오직 저만 원하세요. 지금도 식구들 오면 제가 어머니 말을 통역해야 해요. 아내는 저한테 고마워하죠. 정신 온전하실 때도 어떤 며느리도 비위를 못 맞췄어요. 아침이면 "이년아! 해가 똥구멍에 떴냐?" 소리부터 지르셨어요. 누가 대신해 줄 수가 없어요.

우리 '징글맘'이 성격이 대단하시네요.

엄마는 함경도 여성이고 아버지는 경상도 남자였어요. 두 분 입맛이 참 안 맞았어요. 아버지는 칼국수를, 엄마는

냉면을 좋아하셨어요. 아버지가 칼칼한 된장찌개 먹고 싶어 해도 엄마는 끝끝내 맑게 된장국을 끓여 내셨어요. 고집이 셌지요. 지금도 아들이라고 봐주는 게 없어요.

정작 그는 어머니 말에서 답을 찾았다. "늘 자물쇠가 있으면 열쇠가 있다, 그러셨거든요." 어머니는 새벽마다 깨서 쇼를 했고, 그는 그 시간에 깨서 밥해 드리고 책을 봤다. 처음엔 양미리조림, 간장게장도 잘 드셨다. 이제는 소화 기능이 떨어져 모든 음식을 죽처럼 조리해 드린다. "노인에게 무슨 요리를 해 드리나 공부를 했죠. 해 보니 제가 요리사 체질이었던 거예요."
먹고 싸고 성내고 사랑하고…… 그 지지고 볶는 모습을 인터넷 블로그에 연재한 지 9년. 사람들은 매일의 메뉴와 따뜻한 하소연을 담은 그의 효도 일기에 열광했다. '스머프 할배'라는 별명이 자동 검색이 될 정도로 블로그계의 유명 인사가 됐고, 요리에 관한 한 네이버 지식인에서도 명답을 내주는 척척박사로 통한다. 하루에 달리는 공감과 응원의 댓글만 500개. 전국 각지에서 자전거 헬멧이니, 프라이팬이니, '구호 물품'이 답지한다.

정말 다행스럽게도, 요리를 통해서 세상과 소통을 하게 되었군요.
안 그랬으면 젊은 날 광고한다고 날뛰던 놈이 이 좁은 공간에서 어떻게 버텼겠어요. 저는 블로그에 이것저것 사는 모습 글로 흥얼거리며 카타르시스를 느끼고, 보시는 분들은 "저렇게 힘들게 사는 사람도 있는데" 하면서 안도를 하시죠. 부모님 가시고 효도 못 하신 분은, 또 제 노동을 읽으면서 대리만족을 하세요.

처음엔 된장찌개, 김치찌개나 하던 수준이 지금은 함박스테이크에 미트볼, 일본 규동에 중국 기스면, 함흥냉면에, 김치도 이북식, 경상도식 종류별로 척척이다. 서툰 칼질에 피도 흘리고 국 끓이다 화상도 입으며, '한 여인'을 위한 맞춤 요리사가 된 것.
물김치도 농도와 간이 안 맞으면 탁 하고 내려놓는 징글맘의 까칠함은 그를 살게도 하고 죽게도 했다. "밴댕이 소갈딱지야~" 욕먹으며 밴댕이 조림을 만들 땐 천불이 났지만, "너도 옛날에 오므라이스 좋아했지"라는 추억담은 감칠맛 나는 소스가 되기도 했다.
공 없는 봉양살이에는 때론 자학적 유머도 약이다. "인공지능 로봇에게 내가 징글맘과 생활하는 일상을 보여 주면 '제기랄!' 하며 도망갈 거예요. 너는 돌대가리니 참지만, 나는 인공지능 로봇이니 거부할 거다, 하면서요, 하하."

가장 큰 문제는 뭐죠?

잠이에요. 밤 11시, 새벽 2시, 5시…… 시도 때도 없이 일어나 효자손으로 바닥을 두드리고 골룸처럼 괴성을 지르시죠. 인정사정없이 수라상 대령해야죠. 잠을 제대로 못 자니 버스나 전철만 타면 코를 골며 쓰러져 종점까지 까무룩이에요. 청소하는 아주머니가 걸레질하며 "어르신, 숙박비 내세요" 하기 일쑤예요.

옆에 앉은 징글맘은 인터뷰 시간을 못 참고 계속 "날 좀 봐 달라"고 보챘다. "엄마야! 캬라멜 까 주까? 커피우유 줘?" 보살핌을 받은 노인은 또 소파에 앉아 시간을 보낸다. "기운이 없어서, 그저 앉아서 저 괴롭히는 게 낙이지요." 그가 웃는다.

어머니가 언제 사랑스럽고 언제 미우세요?

어머니도 정신이 돌아오면 고마움을 표시하세요. "애비 야, 고맙다. 맛있는 거 만들어 줘서 행복해." 그러면 너무 사랑스럽지요. 미울 때는 밤에 잠 깨울 때, 그리고 치매 등급 검사하러 온 기관 사람들 앞에서 얌전한 척, 멀쩡한 척하실 때예요. 외부인만 오면 영어도 일본어도 툭툭 나 와요. "나는 똑똑해. 멀쩡해" 이러시니 너무 얄밉죠. 내 엄마지만 부지깽이로 이마를 쪼사 버리고 싶다니까요, 하하.

좁은 방에서도 모자의 티격태격은 끝이 없다.

> "문디 자식, 에미에게 두부를 주고 있어. 니나 처먹어."
> (두부를 싫어하신다.)
> "애비야! 냉면은 배달시키면 맛이 별로야. 네가 만든 육 수로 해 다고." (선주문 후 밥상에 앉아)
> "어느 년들도 이런 거 만들어 주지 않았어. 정말 니가 최 고야." (과격한 감사 표시)
> - 정성기, 《나는 매일 엄마와 밥 먹는다》에서

90

음식 만들 때 기본 육수를 다 따로 내시더군요. 매사 정성스러운 건 기질입니까?

생각해 보면 어린 시절 그림 그릴 때도 스케치며 색칠을 정성껏 했어요. 뭘 하나 해도 잔머리 굴리는 성격이 아니에요. 우리말에 지성이면 감천이라는 말도 있지 않습니까.

내 삶의 남은 시간을 낭비하고 있다는 생각이 든 적은 없습니까?

강미정 시인이란 분이 그러대요. 아주 작은 일이라도 정성을 다해 10년을 계속하면 인생이 바뀔 거라고요. 세상의 모든 큰 일이 자주 작은 일을 계속하는 것에서 시작된다고. 10년 동안 외박 한번 못했어요. 그런데 제 아내와 딸들이 지금 저를 존경한다고 해요. 6개월이나 할까 했는데, 10년을 해낸다고. 아내 휴대폰에 제 이름이 처음엔 '좁쌀영감', '밴댕이'였는데, 이젠 '캡틴'이라고 바뀌었어요. 손주들도 "할아버지 최고!"래요. 이제 제 엄마 요리보다 할아버지 간장떡볶이가 더 맛있답니다.

식구들과 생이별한 지 9년이지만, 매일 통화하고 문자를 주고받아 친밀감은 더해졌다.

그래도 독소처럼 쌓이는 스트레스는 어떻게 푸세요?

처음엔 자전거를 탔어요. 얼마 전부터 요양보호사가 하루 세 시간 오는데, 그 틈을 타서 30~80킬로미터를 냅다

"자물쇠가 있으면
반드시 열쇠도 있는 법이에요."

자전거로 달렸죠. 달리며 노래도 불러요. 〈백치 아다다〉
도 부르고 〈바닷가에서〉도 부르고. 노래 부르고 자전거
를 타도 우울해서 자살할 뻔했어요. 잠이 부족해서 사고
도 당했고요.

지금은 세 시간 동안 송내역 광장에 나가서 〈벼룩시
장〉 배포 아르바이트를 해요. 어머니 반찬값, 제 담뱃값
도 벌고 바람도 쐬는 거죠. 거기서 또 미화원 일이나 전
철 검표 일하는 노인들을 보면서 생각해요. 저 노인들 아
침도 못 먹고 나왔을 텐데, 나는 어머니 밥상 차려 드리
며 먹고 나왔으니, 내가 참 복이 많구나.

퇴직한 친구들처럼 '삼식이' 소리 들으며 민폐 끼치며 살 수도
있었는데, 삼시 세끼 요리사가 됐으니 성공한 인생이다.

낙천적인 성격에도 끝까지 익숙해지지 않는 일이 있나요?
기저귀 차길 싫어하셔서 똥칠해 놓으시면 제가 밑을 닦
아 드리는 게 참 송구해요. 어머니도 움찔하시고. 아들이
전지전능한 슈퍼맨처럼 쓱쓱 다 해 드려야 하는데, 그런
건 요양사께 부탁을 드리죠. 밥은 내가 다 해 드리니 속
옷 갈아 입히고 목욕만 좀 시켜 달라고요.

**본능과 추억만 남은 어머니를 끝까지 모시게 하는 진짜
힘은 뭐죠?**
나 아니면 누구도 해 줄 수 없다는 거죠. 모든 걸 나한테
의지하는 이 한 여인을 제가 떠날 수가 없는 거예요. 요

93

양원에 보내 드릴까 했는데 차마 그럴 수가 없었어요. 아버지가 요양원에서 돌아가셨는데, 또 그런 후회를 하고 싶지 않아요.

우문이지만, 그게 도리인가요, 육정인가요?

어린 시절, 고향 사람한테 사기를 당해서 집안 형편이 아주 어려웠어요. 그때 엄마가 10년을 고생하시며 '또순이'처럼 집안을 일으키셨어요. 어머니도 그리하셨는데, 저도 해야지요. 아유, 그래도 이게 진짜 9년이 될 줄 알았으면 시작을 못 했죠. 치매 초기 때, 제가 "엄마, 무슨 일 있으면 무조건 휴대폰 1번 눌러" 그랬더니 시도 때도 없이 눌러 대서서……

어머니가 2~3일 정도로 정신이 돌아오신다면 무얼 하고 싶으세요?

몸이 허약해서 자동차는 못 타시니 기차 타고 바닷가에 가서 바닷바람 쐐 드리고 싶어요.

2~3일간 휴가가 주어진다면 무얼 하고 싶으세요?

자전거 타고 아는 사람 찾아가서 술 한잔하고 싶어요. 하루만 자유 시간이 있다면 여섯 시간만 안 깨고 푹 자고 싶고요.

자신에게 치매가 오면 어떻게 하실 생각입니까?

내가 어머니께 했던 일을 자식들에게 바랄 순 없어요. 전

정성기

"애비야, 내가 올해 아흔셋이니 딱 7년만 더 살련다."
"아이고, 우리 엄마 아들 잡으시겠네. 이제 좀 그 강을 건너가세요."

"다 놓고 싶은 마음과
해내고 싶은 마음이 갈등하다
결국은 사랑과 책임의 마음이 이겨요."

요양원으로 들어갈 거예요.

다 놓고 싶은 마음이 들 때가 있었을 텐데요.
《에스겔서》에 보면 이런 구절이 있어요. "너는 피투성이라도 살라." 신이 우리에게 고난을 허락하실 때도 이길 수 있는 것만 허락하신다는 거죠. 다 놓고 싶은 마음과 해내고 싶은 마음이 갈등하다 결국은 사랑과 책임의 마음이 이겨요.

살면서 가장 행복했던 시절은 언제였습니까?
초등학생 때요. 초등학교 입학했을 때 어머니가 학부형 대표로 노래도 멋들어지게 부르시고, 맏이인 저를 아껴서 많이 데리고 다니셨어요. 그때 어머니와 함께했던 날들이 아름답게 기억에 남아 있어요. 그게 버틸 수 있는 힘이에요. 성내고 욕하실 땐, '어여, 그 강을 건너가세요' 하다가도 추억의 힘으로 또 살아요.

그저 한 인간으로서 스머프 할배의 성실한 악전고투 속에서 엄마와 아들, 사랑과 절망의 구획은 허물어진다. 생로병사를 함께 통과하는 모자의 몸은 그 신체발부와 오장육부의 구석구석이 음식의 집이며, 오직 사랑과 책임이 거기에 깃들어 산다. 그리하여 65년 전 어머니 탯줄을 달고 피투성이로 세상에 나왔을 때처럼, 우리의 스머프 할배는 아침마다 늙은 '피투성이'로 눈을 떠 마음의 밧줄을 붙잡는다.

어머니를 바라보는 눈빛이 어떻게 그렇게 한결같이 다정하신지요?

엄마가 제 표정을 읽어요. 짜증난 것 같으면 금세 한 소리 하시죠. "야, 이놈아. 죽어라, 죽어라, 하면 더 안 죽는다는 옛말도 모르냐? 오래 사세요, 해야 빨리 죽는다." 그러면 저는 그래요. "네, 엄마 먹고 싶은 거, 다 먹고 가세요."

누구나 나이 70에 100세 부모와 함께할 날을 맞이할 수 있다. 어떻게 할 것인가? 어디로 가야 하나? 그는 자신의 이야기를 통해 많은 이들이 누구에게나 올 수 있는 일들을 회피하지 않고 긍정적으로 준비할 수 있기를 바라고 있다.

(2016년 12월)

배우 이순재

손해 보듯 살아야
좋은 인생이에요

봄날의 대학 교정은 청춘들로 시끌벅적했다. 흰머리 휘날리는 노인은 화사한 꽃나무 아래서도 시든 기색이 없었다. '꽃보다 아름다운 할배' 주위로 스마트폰을 든 학생들이 몰려왔다. 카메라 플래시와 팝콘 같은 웃음이 동시에 터졌다. 어떤 어른이든 통상 살아온 시간의 무게 때문에 괜스레 송구해서 피하기 마련인데, 젊은이들은 느티나무 아래 그늘을 찾듯 이순재를 따랐다.

이순재를 그가 석좌교수로 있는 성남의 가천대에서 만났다. 만남을 청하는 문자를 보내자마자 즉시 전화가 와서 약속을 잡았다. 그가 출연한 모 광고 카피처럼, '묻지도 따지지도 않는' 군더더기 없는 만남이었다.

서울대 철학과를 나온 '엘리트' 배우는 62년 연기 인생에서 빛나는 정상엔 한번도 오른 적이 없다고 했다. 그 자신, 동아연극상도 대종상도 못 받았지만 "인생은 손해 본 듯 살아야 큰 손해를 보지 않는다"고 강조했다. 대신 "최무룡이니, 박노식이니, 최불암이니" 함께 TV 드라마와 극장 문화를 일궈 냈던 당대의 동료 개척자들을 자랑스럽게 추켜세웠다.

학생들이 마음으로 좋아한다는 느낌을 받습니다. 무엇을 어떻게 가르치세요?

난 강의는 안 해요. 워크숍을 하지. 한 학기 동안 무대에 한 작품을 올려요. 우리는 배역도 제비뽑기를 해요. 내 원칙이 기회균등이거든. 그러다 보면 잘하는 사람이 단역을 하고 못하는 사람이 주역을 할 때도 있어요. 신기한 건 못하는 아이들이 자기 능력을 재발견하는 경우가 더 많다는 거야. 정규 시간은 네 시간인데, 이렇게 저녁마다 학교에 나와요. 특이한 연출 같은 거 안 하고 고전이나 원작 중심으로 기본기를 다져 주려고 해요. 내가 가르치는 연기의 기본은 화술이에요.

연필 자국 가득한 대본을 들이민다.

아서 밀러의 〈시련〉이군요.

여학생들 숫자가 많을 땐 아리엘 도르프만의 〈과부들〉을 했어요. (웃음) 우리 때는 연극할 때 표준어를 모르면 사전을 펴놓고 장음, 단음을 일일이 찾아가며 공부했어요. 요즘은 현장에서 연출가들이 무슨 말인지 알아만 들으면 쓱 넘어가더라고. 그건 좋지 않아요. 외국에서도 스피치 트레이닝은 주요 과정이거든. 말 훈련만큼 중요한 게 없어요.

드라마든 영화든 결국 대사 전달력이 좋은 배우들이 끝까지 살아남더군요.

과거 후시녹음 시절엔 성우들이 녹음을 해 줬어요. 신성일 씨도 청춘스타였지만 경상도 사투리 억양이 있어서 TV에서 활동을 못 했어. 추송웅 씨도 마찬가지였지. 최무룡, 허장강, 황해 선배는 화술의 기본기가 확실해서 동시녹음을 했어요. 나는 요즘 젊은이들한테도 너희들 유행어는 10년 지나면 없어지니 변하지 않는 표준어를 구사하라고 해요.

연기하실 때 발성이 쨍쨍하다는 느낌을 받았는데 다 이유가 있었군요.
우리말의 정형을 아름답게 제대로 구사하는 일이 우리 직종의 의무였죠. 오현경, 이낙훈을 비롯한 TV 드라마 멤버들은 훈련을 제대로 받았어요.

전쟁 때 대전에 피난 와서 고등학생 시절에 연극을 올리셨어요. 그때 배우의 꿈이 시작된 건가요?
그건 좀 우발적이었어요. 당시 충남여고에서 예술제를 하는데 영어로 한다고 해서, 학교 영어 선생한테 〈햄릿〉을 써 보라고 부추겼어요. 나는 피난 와서 대전고등학교 청강생이었는데, 일을 꾸며서 극을 올리는 뒷바라지를 했죠. 그때 같이했던 후배가 미연방 하원의원 했던 김창준이야. 전쟁통이지만 천막 극장에서 영화도 보고 거기서 아버지 만나 도망도 가고 할 건 다 했어. (웃음)

서울대 철학과에 진학한 소위 엘리트였는데 연기 쪽으로

선회한 특별한 계기가 있었습니까? 당시엔 '딴따라'라고 무시당하는 분위기였을 텐데요.

1950년대에 좋은 영화를 참 많이 봤어요. 이탈리아 네오리얼리즘, 장 뤽 고다르 같은 거장의 프랑스 누벨바그 영화, 상업과 예술의 경계에 있던 미국 영화를 접하고 감탄했죠. 로렌스 올리비에가 제작, 감독, 주연한 〈햄릿〉이나 프랑스의 장 루이 바로 같은 대가의 작품을 보면서 '저런 예술이라면 해 볼 만하다'는 생각이 들었어요. 로렌스 올리비에는 영국에서 기사 작위까지 받았단 말이지.

내가 1958년에 대학을 졸업했는데, 그때까지도 우리나라는 연극영화를 학문으로 쳐주지도 않았어요. 그래서 우리끼리라도 한번 해 보자, 해서 서울대학교 내에 연극 동아리를 만들었죠.

철학 전공이 연기에 도움이 되던가요?

하하하. 열심히 다녀서 졸업은 했어요. 철학을 열심히 공부했으면 대학교수까지 했을지도 모르죠. 그런데 그거나 이거나 막연하긴 마찬가지야. 실용적인 학문이 아니잖아. 다만 인내력이 필요한 학문이죠. 당시에 우리 학교엔 고형곤 선생을 비롯해서 칸트, 헤겔을 다루는 한국철학의 거목들이 다 있었어요. 지도교수에게 들은 말이 여태 잊히지 않아. "4년간 해서 무슨 철학을 알겠느냐. 어려운 책 읽는 연습했다 생각해라." 맞는 말이에요.

대화 중에 갑자기 예기치 않은 방문객이 들이닥쳤다.

이순재가 중랑구에서 국회의원 하던 시절의 경쟁자, 이름하여 '정적(政敵)'이었던 이상수 전 노동부 장관이었다. 이순재는 13대 선거에서는 이상수 의원(평민당)에게 700표 차로 패했고, 1992년에는 3,800표 차로 이겨 14대 국회의원(민정당)으로 정치 활동을 했다.

내 철학이 뭔가 하면 말이지요, 정치도 마음을 열고 소통하면 적이 될 수 없다는 거예요. 나는 보수 쪽이고 저 친구는 진보라 정치적으로는 달라도 인간적으론 친구가 됐어요. (웃음) 당적을 떠나서 돕는다니까.

정치를 해 보니 어떻던가요? 연기보다 어렵지요?
어렵고 힘들어요. 지역에 홍수가 나도 내 탓, 불이 나도 다 내 탓 같았지. 문화원장까지 해서 중랑구에서 봉사하던 8년간, 꽃이 얼마나 아름다운지 하늘이 얼마나 푸른지를 몰랐어요. 그래도 할 때는 정말 깨끗하게 했어요. 판공비 천 원 한 장 받아 쓴 적 없고, 반대 진영하고도 큰 소리 한 번 난 적 없죠.
　　이낙훈 선배가 11대 때 비례대표로 나와서 돕느라 시작했는데, 정치에서 배운 건 오로지 겸손이에요. 우뚝 서면 못 해요. 바닥부터 기어야지. (웃음) 봄, 가을에 두 번씩 가정 방문하고, 계절마다 재래시장 가서 고등어 썰던 할머니 손도 많이 잡았지. 배우를 해서 그런지 손만 잡아도 네 편 내 편 딱 알아요.

"우리는 배역도 제비뽑기를 해요.
내 원칙이 기회균등이거든.
신기한 건 못하는 아이들이
자기 능력을 재발견하는 경우가
더 많다는 거야."

이순재

어떻게 네 편 내 편을 알죠?

고등어 썰다가 고무장갑 낀 채 손 내밀면 저쪽 편이고, 장갑 벗고 잡으면 내 편이야. (웃음) 당시 드라마 〈사랑이 뭐길래〉가 시청률 60프로를 찍던 시절이라 '대발이 아빠'로 나를 모르는 사람이 없었어요. 그렇다고 덕을 봤나? 아니야. 마누라 구박해서 표 안 나온다고 유세 다니지 말라더라고. (웃음)

버려지다시피 한 가난한 동네에 개천도 덮고 길도 닦고 등기소도 내고 참 열심히 했어요. 60세에 다 그만두고 본업으로 돌아가면서 나처럼 돈 없는 사람 말고 좀 부자 정치인이 와서 이 동네를 살려줬으면 했는데, 선뜻 나서는 사람이 없더구먼. 지금도 나는 중랑구에 가서 아무 집이나 밥 좀 주시오, 하면 반겨 줘요. 그만큼 친밀했죠.

정치하다 다시 연기를 시작한 작품이 김수현 작가의 〈목욕탕집 남자들〉(1995)이었어요. 김수현 작가와 인연이 깊으십니다.

그이가 내가 슬럼프에 빠졌을 때 끌어 줬지요. 그런데 난 그것 말고도 복이 많았어요. 1964년에 최초의 일일연속극 TBC의 〈눈은 나리는데〉 주인공을 했고, 1980년대 최장수 일일연속극 〈보통 사람들〉(1982~1984)을 했어요. 햇수로 3년을 했어. 지금 같으면 상상도 못 하지요. 임성한 작가와 했던 〈보고 또 보고〉(1998)는 일일연속극 최고 시청률을 찍었어요.

오랫동안 대가족의 아버지, 대통령, 왕 등 정통성이나 권위가 있는 인물을 연기해서 그런지 자존감이 강해 보이세요. 영화 〈덕구〉에서는 고깃집 불판을 닦으며 손주들 키우는 남루한 노인인데도 불쌍해 보이지 않더라고요. 눈동자도 흔들림 없이 형형했어요.

손주한테도 계속 가르치잖아요. 지금 형편이 어려워도 너는 명문가의 후예다, 네 목표는 대통령이다. 가난해도 자존감은 강한 영감이지. 일련의 사극에서도 그렇고 나는 상황은 비참할지언정 심지가 강해서 약해 보이진 않았어요. 교훈적 역할이 되고자 했지요.

노희경 작가의 〈라이브〉(2018)에서도 역시나 힘없는 노인인데 존재감이 맑고 강했습니다. 오랜 시간 동안 '아버지'와 '할아버지'로 반듯하게 살아오셔선지 화면 저쪽에 말 없이 있어도 의지가 돼요.

허허. 노희경 작가가 경찰 지구대 이야기를 정말 역작으로 그렸는데, 내가 젊은이들과 작품에 참여했다는 사실이 참 좋아요. 한두 장면만 나와도 의미가 있는 영감이에요. 좋은 작가의 작품은 신인에겐 발판이 되고 노인에겐 재발견의 기회가 되지요. 슬쩍 지나만 가도 나를 캐스팅한 이유가 있을 거다, 그렇게 생각하면서 합니다.

62년간 연기를 해 오셨는데 어떤 역할이 어렵습니까?

얼마 전 했던 〈돈꽃〉(2017~2018)처럼 존재감이 확실한 캐릭터는 오히려 쉬워요. 평범한 월급쟁이 남편 같은 무난한 역할이 어렵죠. 극에는 필요하지만, 특징이 없거든. 〈햄릿〉에서 햄릿의 친구 호레이쇼나 〈대부〉에서 알 파치노를 돕는 뚱뚱한 변호사 같은, 본인은 앞장서지 못하고 남을 돕는 자죠. 양보를 해야 하는데 과욕을 부리면 균형이 깨져요.

과장된 감정 연기를 경계하십니다. "배우는 자기가 울면 안 된다"는 말씀도 하셨어요.

연기는 상대를 위해 관객을 위해 내 욕심을 절제해야 해요. 영화 〈덕구〉에서도 덕구를 입양 보내는 장면에서 '나는 울지 말아야지, 절제해야지' 얼마나 다짐을 했다고. 배우가 슬픈 장면에 다 울고 기쁜 장면에 다 웃으면 관객이 민망해져. 너무 열연하면 안 되는 거죠. 광기를 터뜨리는 건 오히려 쉬워. 일전에 〈천일의 스캔들〉이라는 영화를 보니 나탈리 포트먼과 스칼렛 요한슨이 참 잘했어. 특히 요한슨 연기가 딱딱 절제가 있더라고.

그리고 보면 표정의 변화가 크지 않으십니다.

난 거울도 안 봐요. 심경은 표정에 자연스레 스미는 거야. 근육을 일그러뜨리면 그건 개그맨이지. 다만 깨끗하게 울 건지 꺽꺽거리며 울 건지, 눈물만 나고 콧물은 안 나게 울 건지, 테크닉은 다양하게 구사해야 해. 그런데 나는 또 나이가 들어서 울 때 콧물은 자제가 안 되더구먼. (웃음)

35년생으로 방송계에서는 송해 선생을 빼고는 최고 어르신이라고 알고 있어요. 최전선에 있는 기분이 어떠신가요?

난 사실 34년생이에요. 대전 피난길에 할머니가 호적을 잘못 올렸어. 어쨌든 나이 먹어서 앞에 있는 거지, 돋보여서 앞에 있는 건 아니잖아. 나는 빛나는 정상에 올라가 본 적이 없어요. 동아연극상도 한번 못 탔지.

늘 정상에 있었던 걸로 착각했습니다. tvN 예능 《꽃보다 할배》에서 별명도 늘 앞서가신다고 '직진 순재'셨고요.

허허허. 실제로는 영화를 100여 편이나 했으면서 대종상도 한번 못 탔어. 밀어 주는 후견인도 없었고, 내가 잘했을 땐 늘 더 잘하는 사람이 나타나 상을 채 갔지. (웃음) 옛날엔 트로피 값을 내야 한다고도 했고. 유현목 감독과 〈막차로 온 손님들〉을 열심히 했을 땐 기대를 했는데 이만희 감독의 〈싸릿골의 신화〉를 했던 최남현 선생이 받았어요. 시상식에 가서 턱시도를 입은 최 선생을 축하해 드렸어요. 그 양반도 정말 거목이었거든.

이순재는 1960~1970년대를 풍미했던 과거의 대배우들을 즐거운 마음으로 추억했다. 1990년대 이후 우리가 정우성, 이정재, 한석규, 송강호, 최민식을 떠올리며 웃음 짓듯, 1세대 한국의 무비스타들을 하나하나 호명하는 그의 목소리엔 자부심이 흘러넘쳤다.

"어른이라고 행세할 필요는 없어요.
내가 염치를 가지고 지킬 걸 지키면
어른으로 대접받는 거죠."

최남현, 김승호 선생은 토속 작품에선 타의 추종을 불허했어요. 최무룡 선생은 메소드 연기의 달인이었죠. 김진규, 신영균, 박노식 같은 분들도 일가를 이룬 배우였어요. 악극단부터 시작해서 연기에 체계가 확실히 잡혀 있었죠. 신성일은 독보적인 톱스타였어요. 지금으로 치면 10조쯤은 거뜬히 벌었을 거야. 그런데 우리 때는 출연료가 박했고, 약속어음 받아 가며 일을 했어요. 제대로 돈 받으며 일한 건 1990년대 말부터야.

어쨌든 선생도 〈거침없이 하이킥〉으로 2007년 방송연예대상을 수상하셨습니다. 〈무한도전〉팀과 공동수상이었던 걸로 알아요. 2016년엔 〈꽃보다 할배〉로 tvN 예능 아이콘상도 받으셨고. 말년에 상복이 더 많으세요.

그랬죠. 그런데 〈거침없이 하이킥〉은 예능이 아니고 시추에이션 드라마였어요. 찰리 채플린, 버스터 키튼 같은 정통 희극 연기의 연장선이지. 사실 비극성을 강조하는 연기는 다 비슷해. 희극 연기에서 진짜 아이디어와 실력이 나오는 거죠. 그때 나문희 씨랑 나랑 발성, 눈, 표정을 정말 열심히 연구하며 맞췄어요.

페이소스가 있는 연기는 모든 배우의 소망입니다.

맞아요. 스타니슬랍스키 연기 이론에도 유머, 풍자, 아이러니, 야유 등이 있지만, 웃으면서 콧날이 시큰해지는 페이소스가 가장 높은 경지예요. 〈바냐 아저씨〉, 〈세 자매〉, 〈갈매기〉, 〈벚꽃동산〉 체호프의 4대 희곡도 스토리를 보면 비극이잖아. 내가 〈앙리 할아버지와 나〉라는 연극을 지금 전국을 돌면서 하고 있어요. 그 작품도 그렇지.

신구 선생과 더블 캐스팅으로 하는 연극이죠? 두 분 연기 스타일이 확연히 다릅니다. 발성부터가 다르지요. 신구 선생이 기미가 없이 훅 들어가는 힘을 뺀 연기라면, 선생은 말미를 다잡고 들어가는 힘센 연기예요. 같은 호통을 쳐도 공기가 패는 깊이와 각도가 다르죠. 동공의 밀도도 다르고요.

다르죠. 그게 배우 예술의 독립성이야. 신구는 표현이 스트레이트하고, 나는 좀 더 디테일해요. 그게 볼거리죠. 영화 쪽에선 변희봉과 백윤식을 좋아하더구먼.

변희봉 선생과 백윤식 선생은 변칙적이고 돌출적인 에너지가 있어요.

그래서 TV보다 영화에서 더 좋은 모양이야. 아무튼 잘들 하고 있어요.

돌아보니 전성시대는 언제던가요?

나이 먹고 더 괜찮지 않았나 해요. 1970년대 후반 TBC 드라마 시대 때는 '군웅할거'했어요. 그중에도 최불암이 〈수사반장〉으로 텔런트 랭킹 1등을 먹었지. 2, 3, 4등이 역전시키기 쉽지 않았어. 나는 나이 먹어서 MBC에서 〈사랑이 뭐길래〉(1991), 〈허준〉(1999), 〈상도〉(2001), 〈이산〉(2007), 〈베토벤 바이러스〉(2008) 같은 좋은 작품들을 했는데 생각해 보면 그때부터 주욱 전성기예요.

특히 〈이산〉의 영조 연기를 보고 후배 연기자들이 "이순재 선생님 정말 대단하시다"며 많이들 감동하더군요. 나이 먹어도 열정과 실력이 녹슬지 않고 더 벼려진다는 사실에 울컥했습니다.

〈이산〉(2007)의 영조도, 〈풍운〉(1982)의 흥선대원군도, 극적이고 카리스마가 강한 인물이지요. 용인 세트장에서 밤 9시부터 새벽까지 촬영을 했는데, NG 내서 폐 끼칠까 무진장 노력했어요. 영조는 학식이 높고 장기 집권했고 아들까지 죽인 왕이야. 복잡한 성격의 인물이었죠. 그때 공부도 숙제도 많이 했어요. 그래서 그런지 이병훈 감독이 〈대장금〉도 했지만 〈이산〉이 훨씬 높은 평가를 받았어요.

인생 캐릭터가 올 때는 감지되는 어떤 기운이 있습니까?

있지요. 그런 기회가 더러 와요. 그럴 땐 놓치지 말고 치고 올라가야 해. 죽기 살기로 해야지. 고만고만하게 하다 못 살리면 주저앉는 거야. 내가 〈이산〉의 영조를 맡은 것도 〈허준〉 할 때 스승 유의태 역할을 잘했기 때문이거든.

연기도 삶도 전전긍긍하거나 눈치 보는 스타일은 아니세요. 할 말은 다 하고 사시면서도 젊은이들의 존경을 받는 이유가 뭘까요? 일명 '사랑받는 꼰대'이신데요.

어른이라고 행세할 필요는 없어요. 내가 염치를 가지고

우리와 대결하지 않지만, 대결할 정도의 힘이 있는 어른 곁에서 우리는
안정감을 느낀다. 늙어서 순한 노인이 아니라 늙을수록 싱싱해지는
어른으로, 그 삶의 자국을 선명하게 남기는 우리들의 '직진 순재'.

지킬 걸 지키면 어른으로 대접받는 거죠. 나는 누구한테든 강요하고 위세 부리는 걸 가장 경계해. 우리 직종이 바닥부터 시작해서 나는 어디 가서 폼 잡은 적이 없어요. 오히려 "네까짓 게 딴따라 주제에" 이런 괄시를 많이 받았지. 장가 가기도 힘들 정도였다고. 일례로 우리 처남들이 은행에 다녀서 명절이면 집에 선물 상자가 쌓였어요. 우리 집은 추석이고 설이고 빈털터리지.

　　부러워하는 아내에게 내가 그랬어요. "이것 봐, 대신 쟤들은 싫어도 상사한테 세배하러 다닌다고. 당신은 그런 거 없잖아. 우린 다 동격이거든." 재벌도 권력자도 아니지만, 무시당해도 흔들리지 않은 건 내가 하는 예술에 자부심이 있어서죠. 배역을 제대로 해내기 위해 최선을 다한다는 그 자존심 하나로 살았지. 나는 연기하려고 술도 안 했고 좋아하던 담배도 끊었어요.

욕망도 있고 눈치도 있으면서 질서 정연한 삶을 사는 게 쉬운 일이 아닙니다. 〈거침없이 하이킥〉(2006~2007)이나 《꽃보다 할배》(2013~2015)를 보며 안심이 됐던 건 선생이 그런 '자기'가 살아 있는 노인이어서예요. 우리와 대결하지 않지만, 대결할 정도의 힘이 있는 어른 곁에서 안정감이 느껴진달까요.

그게 바로 생명력이에요. 나이 들어도 생명력을 유지하려면 새로운 과제를 달갑고 고맙게 받아야 해요. 수선스럽지 않게 일상을 유지하면서.

1970년대 후반, 한창 일할 40대에 부당하게 평가절하 받는다는 느낌이 들 땐 고통스러웠다고 했다.

나를 활용하지 않는 건 슬픈 거니까. 1년을 헤매다 바로 치고 올라왔어요. 번쩍 빛이 나거나 화려하진 않았지만, 꾸준히 했어요. 그러면 됐지. 거창하게 기념하고 싶지 않아 60주년 기념 공연도 작게 세리모니만 했다고.

기나긴 인생에서 선생께서 깨닫고 지키는 어떤 룰이 있습니까?

좀 손해 보고 살아야 큰 손해를 안 봐요. 하나 더 먹겠다고 달려들면 갈등이 커지고 적이 생겨. 정치할 때 그걸 배웠어요. 나는 표는 못 받아도 욕은 안 먹었어. 제일 가난한 동네에서 날 한 식구로 받아 줬고, 정치적 적과는 친구가 됐지. 너무 치열하게 경쟁하지 마세요. 살아 보니 인생이란 건 여러 욕심이 있겠지만 조그만 손해는 감수하고 좀 모자란 듯 사는 게 좋아.

명예욕은 없으신가요?

예술 장르는 끝도 완성도 없는 직진이에요. 자족하면 바로 정체지, 허허.

영화 〈덕구〉와 드라마 〈라이브〉를 나는 이순재라는 언덕에 기대서 보았다. 유독 한 장면이 기억에 남아 아른거렸다. 집 나갔다 돌아온 외국인 며느리가 그에게 "아부지~" 하며 안길 때, 이혼한 며느리 배종옥이 찾아와 푸념하듯 "아부지~"
하고 말할 때. 뜨뜻한 우유를 품듯 가슴에 온기가 퍼졌다.
아버님도, 아버지도 아닌 "아부지"라니. 부드러움과 수줍음이
내비치는 다정함을 실어서 나는 속으로 그 음절을 읊어 보았다.
"아부지~."

나도 그 말이 좋더라고. 살다 보면 다 한 식구잖아.

(2018년 4월)

얼마 전 전화를 걸었을 때 그는 또 한 편의 연극
〈장수상회〉를 무대에 올리느라 바쁜 나날을 보내고 있었다.
그의 인생을 보면 경쟁은 있어도 시기나 질투가 없다는 게
신기하다. 정치적 적과도 친구가 됐고, 남우주연상 트로피를
가져간 선배 배우에게도 경의를 표한다. 오랜 동료인
신구와는 연극 무대마다 같이 오른다. 나이 들수록 싱싱해질
수 있는 힘은 어디에서 오는가. 남도 나도 깎아내리지 않는
자기 존엄의 정통성을 세웠기 때문이다.

반드시 여러분의
'때'가 옵니다

재일 정치학자 강상중

부모님이 선택한 일은 제게 '가르침'을 주기도 했습니다. 폐품 회수란 사회의 순환 구조 자체를 취급하는 일이라, 부모님 곁에서 어깨너머로 보는 동안 '세상의 축도' 같은 것을 터득할 수 있었습니다. 사회에 이익이 되는 것과 무익한 것. 유해한 것과 무해한 것. 재활용되는 것과 되지 않는 것. 낡아도 가치가 있는 것과 낡으면 쓸모없어지는 것.
- 강상중,《나를 지키며 일하는 법》에서

폐품수집상의 아들로 태어나 재일 한국인 최초로 도쿄대 정치학과 정교수가 된 사람. 강상중을 설명하는 데 이 한 문장이면 충분하다. 한국에서 그는《고민하는 힘》(2009),《살아야 하는 이유》(2012) 등의 저자로 알려져 있다.

2008년 일본에서 먼저 출간된《고민하는 힘》은 출간 당해 100만여 부가 판매되며 일본 사회에 '강상중 신드롬'을 일으켰다. 소설가 나쓰메 소세키와 사회학자 막스 베버, 도저히 연결될 것 같지 않은 두 인물의 삶과 사상을 교차 편집하며 훑어 내려간 강상중의 '학문적 태피스트리'는 모든 면에서 정교하고 매혹적이다. 100년 전 근대의 개막을 알린 동서양 두 거장의 서사에 현대인의 고민을 창날처럼 꽂은 것. 예컨대 나는 누구인지, 돈이란 무엇인지, 왜 일을 하는지, 청춘은 정말 아름다운지, 왜 죽어서는 안 되는지에 대해.

내가 그를 인터뷰할 무렵에는《나를 지키며 일하는 법》이라는 책을 펴낸 참이었다. 학력사회 모델이 붕괴되고 위기가 일상이 된 지금, 강상중은《나를 지키며 일하는 법》에서 당장의 취업보다 "일의 의미를 생각해 보고, 다양한 시점을 가지고, 인문학에서 배울 것"을 권한다. 학자로서의 날카로운 시선과 일본 내 비주류 인간으로 살았던 실패와 슬픔의 개인사를 병치시키는 서술 기법은 지적 긴장 속에서도 독자들을 안도시킨다.

책에는 "사람은 모두 걸어 다니는 식도란다"라는 말로 부자와 빈자를 관통하는 유물론적 사고의 정수를 보여 주었던 어머니와 동아줄 묶는 모습 하나에도 숙련의 아름다움이 풍겼던 아버지, 결혼 이후에도 비정규직을 전전하다 서른일곱에 정규직 교수로 자리 잡기까지 그가 겪었던 정체성 분열의 아득한 순간들이 깃들어 있다.

강상중을 만났다. 추석을 하루 앞둔 날이었고, 도시는 텅 비어 있었다. 한국인들이 들뜬 채 집을 떠나는 아침, 그는 몇 개의 국내 강연 일정을 마치고 고향인 구마모토로 돌아갈 준비로 분주했다. 작은 트렁크와 손가방, 그리고 테이블 저 너머 아내의 기다림과 함께 호텔 로비에서 인터뷰가 시작됐다.

책들이 늘 간결하고 정직합니다. 어떻게 쓰십니까?

일본이나 한국이나 긴 시간을 투자해야 하는 책은 바빠서 못 읽습니다. 짧은 시간에 깊이 있는 지식을 전할 수 있도록 쓰기 전에 많이 읽습니다. 일본이라면 신칸센, 한국이라면 KTX 열차 안에서 다 읽을 수 있도록 구성하고 있어요.

어떻게 그게 가능합니까?

(미소 지으며) 아카데미즘과 저널리즘을 오가며 씁니다. 지성의 건강을 위해 당대의 싱싱한 '날것'의 지식과 고전의 저장식인 '말린 것'을 동시에 취하고 있습니다.

그는 실시간 정보인 '날것'은 제철음식이라 맛있지만 안전성과 영양이 검증되지 않았기 때문에, 톨스토이나 막스 베버 같은 '말린 것'에 맞추어 재빠르게 튜닝한다고 설명했다. 그렇게 이 시대에 도착한 다양한 문제의 인과관계를 파악하고 있다고.

정보는 어떻게 흡수합니까?

매일 신문을 읽어요. 신문 읽기는 피부 호흡, 신간 읽기는 폐 호흡, 고전 읽기는 복식 호흡입니다. 페이퍼의 활자는 정보를 능동적으로 흡수하게 만듭니다. TV나 인터넷에서 흘러가는 플로(flow)와는 다르죠. 둘이 모두 있어야 균형 잡힌 지식을 얻을 수 있습니다. 매일 중앙지와 지방지 하나를 읽고 긴 텀으로 인문 고전을 읽어요. 그사이 월간지 하나 정도를 중간 지식으로 받아 보고요.

단도직입적으로 일이란 무엇입니까?

일본이나 한국이나 예전엔 엘리트들만 대학에 갔지만, 지금은 절반 이상이 대학을 나오는 시대죠. 필사의 노력을 다해 대기업에 취직해도 그만두거나 과로사를 해요. 일이란 대체 뭘까요? 일은 사회로 들어가는 입장권이에요. 가장 쉽게는 급여노동을 떠올려요. 돈을 벌기 위해 일을 한다는 거죠. 그럼 돈이란 무엇인가? 일본 대지진 때는 돈이 있어도 생수 한 병 사 먹을 수 없었어요. 그때는 서로서로 돕는 네트워크, 즉 사회관계자본이 돈보다 더 중요했어요.

얼마 전 재일교포 1세 할머니들을 만났더니, 그분들은 강도와 매춘 빼고 다 해 봤답니다. 그분들에게 일은 임금이 아니라 가족을 지키는 전부였어요. 내 생각에 화폐 경제에 편입되지 않는 다른 종류의 일이 있어요. 이를테면 상품 경제 외부에 있는 할머니의 노동 같은 거죠. 그래서 사람들은 점점 더 월급이 아닌 사회관계로 만족을 주는 회사와 일을 찾게 될 거예요.

젊은 시절 이야기를 해 보죠. 자이니치(在日)라는 출생이 그토록 큰 족쇄가 되었습니까?

재일동포 출신은 일단 일본 사회에서 취직이 어려웠어요. 파친코나 폐품 회수, 자영업자 등 선택지가 좁았지요. 와세다 대학을 졸업하고 용기를 내서 소니(SONY)에 지원했는데, 가타부타 연락도 없었어요. (웃음) 한마디로 무시를 당한 거예요. 몇 년 전 소니 본사가 있는 시나가와에서 간부들을 모아 놓고 강연을 하면서 "소니에서 떨어진 강상중입니다"라고 했더니, 그분들이 "강선생, 행운이십니다" 그래요. 소니는 그때 이후로 힘든 시기를 보냈고, 지금은 삼성을 못 따라간다고요. 지금은 웃으며 얘기하지만, 대학 시절엔 어두운 얘기였어요.

어떻게 극복했습니까?
독일 유학 시절에 임마누엘이라는 친구를 만났습니다. 그는 이민자 2세로 저의 독일판이었어요. 임마누엘과 지내면서 '자이니치'는 세상 어디에나 있다는 사실을 깨달았어요.

그는 당시 체험을 눈을 가리고 있던 비늘이 떨어져 나간 것처럼 개운했다고 설명했다. 자신만이 국제적인 역학과 차별의 희생자라 여겼지만, 세상 어디에나 그런 삶이 있다는 깨달음. 이는 스스로를 상대화하여 겹눈의 시점으로 볼 수 있게 된 순간이었으며, 동시에 천직을 깨닫는 순간이었다고.

내 고민이 애초에 개인이 마음속에서 엎치락뒤치락하며 괴로워할 사적인 문제가 아니라 공적으로 논의해야 하는 일임을 깨달았죠.

강상중은 대학원을 졸업하고 비상근 강사로 일하던 시절에 만난 개신교 목사의 주선으로 서른일곱의 나이에 국제기독교대학의 정규직 조교수 일을 얻었다. 그보다 더한 깨달음은 도몬 목사가 전해 준 "모든 일에는 때가 있나니"(〈전도서〉 제3장)라는 《구약성서》의 한 구절이었다.

"모든 일에는 때가 있나니"라는 말은 유유자적한 듯 보여도 몹시 냉정하고 침착한 예지예요. '지금', '여기'를 열심히 살면서 '그때'를 기다릴 것. 아무리 힘든 일이 있고 또 계속해서 나쁜 일이 이어진다 해도 반드시 '때'가 온다는 사실이 기뻤습니다.

그는 국제기독교대학에서 10년을 일한 뒤 도쿄대학교로 초빙되었다. 그의 이야기는 개인사와 사회사가 아리랑 곡선을 그리다 결국 '나다움'과 '직업'이라는 순결한 순간으로 모인다.

'나다움'을 알고 자연인으로 산다는 건 어떤 형태인가요?

나를 안다는 건 '부족함을 안다', '자족한다'는 것이죠. 노력으로 변화시킬 수 없는 것과 변화시킬 수 있는 것을 인정하고 있는 그대로의 나를 긍정하는 거죠. 과거의 저는 재일한국인으로 태어난 상태를 뛰어넘으려 했기 때문에 무리를 했어요. 생각해 보면 '나가노 데쓰오'에서 '강상중'으로 이름을 바꾸면서 저는 자연스러움에 가까워졌지요.

하지만 나다움에 대한 강박적 집착이 낳는 부작용도 있지 않을까요?

"노력으로 변화시킬 수 없는 것과
변화시킬 수 있는 것을 인정하고
있는 그대로의 나를
긍정하는 거죠."

강상중

그건 '나다움'보다 '나'에 집착하기 때문입니다. 우리는 아침부터 밤까지 '나'에 집착해요. '나'라는 우상에서 빠져나올 수가 없으니 괴롭죠. 나도 고교 시절에 '나'에 빠져 허우적대면서도 정작 '나'에 대한 결론을 못 내리는 심리적 억압 상태에 있었습니다. 실어증도 앓았어요.

　대학에 들어가서 재일동포 2세 친구들과 만나면서 치료가 됐어요. 결론적으로 나를 너무 의식하면 부자연스러워집니다. 나를 덜 의식해야 다른 사람과 섞여 살 수 있어요. 일도 마찬가지죠. 때로는 '그냥 해 보자'는 마음으로 사회에 들어가 일을 하면서 접점을 만들어 보려는 게 더 나은 자세예요.

자연스럽게 살았고 그래서 멋진 일을 성취한 사람으로 스티브 잡스를 뽑은 점이 의외였어요.

스티브 잡스는 시리아계 미국 이민 가정 2세대였을 거예요. 문과와 이과의 중간계 사람이었고, 나보다 여섯 살 아래죠. 재일동포 2세인 소프트뱅크의 손정의 회장과 함께 잡스의 초대를 받아 얘기를 나눈 적이 있어요. 그가 내가 쓴 《어머니》(2011)라는 자전적 책을 읽은 후여서, 그의 역사와 내 역사가 겹쳐졌어요.

　잡스는 고등학교 시절 셰익스피어와 플라톤을 읽었고, 허먼 멜빌과 딜런 토머스의 시를 가까이했다고 합니다. 동양사상과 선에 경도되어 한때 인도에 간 적도 있고요. 나다움을 추구하며 자연스럽게 살았기에 애플 같은 즐거운 제품을 만들었다고 생각해요. 나는 삼성 갤럭시도 좋아하지만, 애플을 씁니다. 덜 인위적이고 잡스의 스피릿이 느껴지기 때문이죠.

독서가 나다움을 발견하는 데 매우 중요하다고 했습니다. 지식과의 접속이 아닌 나다움과 연결된다는 지점이 흥미롭더군요.

예전에 《여행 도중에》라는 책을 본 적 있는데, 거기에 "나라는 존재는 지금까지 만남의 일부다"라는 구절이 있었어요. 원래 '나'는 자기 안쪽으로 파고드는 질문인데, 만남의 축적으로 '나'를 바라본 게 흥미로웠어요. 거기서 빼놓을 수 없는 게 책과의 만남이에요.

책과의 만남은 시공을 초월한 사람들과 만남이라
그 울림이 더 크다고 했다.

독서가 대단한 건 재귀능력 때문이에요. 책갈피 사이에서 뒤돌아보고 반성하면서 '나는 누구인가'라는 질문을 던지죠. 내 어머니는 읽고 쓰기를 못 하셨지만, 예외적으로 선조를 생각하며 놀랍게도 '자기반성의 시간'을 가졌어요. 드문 경우죠. 그런 면에서 책을 읽을 수 있다는 건 놀라운 특권이에요.

그는 《나를 지키며 일하는 법》에서 다섯 권의 책을 추천했다. 외딴 섬에서 자급자족하며 자본주의 정신의 원형을 일궈 낸 대니얼 디포의 《로빈슨 크루소》, 팽창하는 성장 사회에서

일본인의 패색감을 묘사한 나쓰메 소세키의《산시로》그리고
빅터 프랭클의《삶의 물음에 예라고 답하라》와 칼 폴라니의
《거대한 전환》, 피터 드러커의《매니지먼트》다. 그중에서도
경영사상가 피터 드러커의 이름이 조금 생뚱맞게 느껴졌다.
그는 자본주의 경제의 주인공을 자처하는 기업가들이 신봉하는
학자가 아니던가.

피터 드러커의《매니지먼트》를 권한 건 밸런스를 맞추는 차원에서인가요?

피터 드러커는 경영과 효율만 강조한 학자로 알려졌는데
그렇지 않습니다. 피터 드러커는《매니지먼트》에서 모든
조직은 사회의 필요에 응답해야 한다고 주장합니다. 기
업이 사적 이익만 극대화해서 사내에 축적하면 큰 실패
라는 거죠.

기업이나 개인이나 사회에 무슨 기여를 할 수 있을까,
질문해야 합니다. 알고 보면 이 세계를 움직인 근본 사상
은 동유럽에서 미국으로 건너온 지식인들이 퍼뜨렸어요.
밀턴 프리드먼, 슘페터, 칼 포퍼 같은 유대인이 앵글로 색
슨계 미국인들에게 영향을 미치고 세계화가 이루어진 거
죠. 그런 흐름 속에 피터 드러커가 있고, 그는 근본적으로
스탈린이나 나치 등 전체주의에 반감을 갖고 사상을 만
들어 갔어요. 파시즘에 대한 경계가 대단했어요.

그런데 지금 사회는 어떤가요? 미국의 트럼프나 영국
의 브렉시트(Brexit), 프랑스와 독일의 극우 세력과 일본
의 한국인 혐오 발언 등 피터 드러커가 그토록 경계했던

일본에서는 한국인, 한국에서는 일본인이 되는 경계인 강상중. 예전엔
딜레마였지만 지금은 "좋은 인생"으로 결론 내렸다.

파시즘으로 기울고 있어요. 이런 열등화 현상의 가장 큰 특징은 개인이 죽거나 말거나 전체가 잘되면 된다는 사고지요. 세월호 사건이 그 상징이었고, 광화문 촛불이 회복의 시작이었어요. 아시아에서 이렇게 성숙한 민주주의를 이뤄 낸 나라가 없습니다. 앞으로 5년이 한국 사회의 중요한 기로가 될 겁니다.

그는 자기 인생에서 한국인이라는 사실이 이토록 자랑스러웠던 적이 없었다고 했다. 일본 말을 쓰면서도 한국을 이야기할 때는 자연스럽게 "우리나라"라는 표현을 썼다.

일본은 20년 후의 한국이라는 말이 있습니다. 지금 일본은 어떻습니까?

얼마 전 일본 사회에서 충격적인 일이 있었어요. 지적 장애아를 돌보는 병원에서 일하던 청년이 19명을 죽이고 수십 명을 다치게 했어요. 그 청년이 인터뷰에서 그랬어요. 자기는 대리 살인을 했다고요. "일도 못 하는 지적 장애아들이 부모와 사회에 부담을 주고 있지 않느냐, 그래서 대신 죽여 줬다"는 논리죠. 그런데 이 경악할 만한 생각에 동조하는 사람이 인터넷 공간에 의외로 많았어요.

임금 노동을 못 하고 남의 돌봄을 받는 사람은 살 가치가 없다, 이렇게 생각하기 시작하면 사회가 무서워지는 거예요. 그러면 앞으로 아이는 게놈의 염기 서열을 따지고 우생학적으로 선별해서 낳아야 할까요? 이런 문제는 이제 종교도 답을 못 해요. 초고령사회에서 어르신을 돌보는 게 젊은이를 키우는 것보다 낭비라면, 세대 간의 격차와 갈등도 첨예해지는 거예요. 자본주의 사회는 돈으로 표현할 수 없는 것조차 돈으로 표현하는 사회예요. 어쩌면 그 무지막지함에 맞서는 힘이 인문학이지요.

인문학은 곧 인간력이라는 그의 말이 큰 울림으로 다가왔다. 그는 독일 뉘른베르크 대학에서 베버와 푸코를 공부했다. 그가 정치학을 공부할 당시 일본 경제는 일류였고, 정치는 삼류였다. 경제학은 '사회과학의 여왕'이라 불릴 정도로 인기를 끌며 '일류 일본'의 부흥기를 누렸다. 하지만 일본 경제가 미궁으로 추락하자, 지금은 상대적으로 정치학의 인기가 높아졌다.

한국에서 좋아하는 작가나 학자가 있습니까?

많이 알지 못해요. 신경숙의 《엄마를 부탁해》를 감동적으로 읽었고, 김소월의 많은 시와 이광수의 《무정》이라는 작품을 좋아합니다. 특히 이광수의 《무정》은 걸작이라고 생각해요. 한국에서 좀 더 평가받았으면 합니다.

지금은 자신의 정체성을 어떻게 설정하고 있습니까?

어느 쪽도 아니지만 양쪽에 다 있는 존재. 그건 내가 만들려고 한 모습이 아니고 자연스럽게 그렇게 된 거죠. 내 책이 한국어로 번역돼서 한국 독자들이 나를 받아들여줬으니까. 예전엔 딜레마에 빠졌지만 지금은 좋은 인생이라고 생각해요.

"하나의 일에 전부를 쏟아붓지 않는 것,
스스로를 궁지로 내몰지 않는 것이
중요합니다."

어떤 일에서 행복을 느낍니까?

대지진 이후 아내가 텃밭을 가꾸기 시작했어요. 언제 지진이 또 일어날지도 모르는 상황이니 스스로 먹을 것을 만들어 내기로 한 거죠. 채소가 자라서 열매 맺는 모습을 보면 참 감격스러워요. 큰 즐거움입니다.

마지막으로 구직 활동을 하고 있거나 어떤 이유로든 지금의 일에서 답답함을 느끼는 한국 젊은이들에게 한 말씀 부탁합니다.

하나의 일에 전부를 쏟아붓지 않는 것, 스스로를 궁지로 내몰지 않는 것이 중요합니다. '나다움'을 찾지 않고 직업의 안정성에 의존한 채 계급사회의 계단을 올라가면 엄청난 혼란에 빠질 거예요. 샐러리맨에 머물지 말고 농사, 자원봉사, 사회 공헌 등 다양한 스테이지에서 여러 개의 정체성을 갖고 사십시오. 그래야 후회가 없어요. 텃밭 얘기도 했지만 머지않아 사회관계자본이 돈과 상품경제보다 중요한 시기가 올 거예요. 행복과 풍요의 기준이 달라지고 있습니다. 500만 엔의 월급쟁이가 200만 엔의 월급쟁이보다 행복할 거라는 단순 비교 시대는 끝났습니다.

(2017년 10월)

그의 이름을 처음 알게 된 건 2008년 《고민하는 힘》이란 책을 통해서였다. 수레를 끄는 말처럼 자아를 채찍질하는

사진 ⓒ조인원

자기계발서와 심리학 책이 유행하는 가운데, 강상중의
《고민하는 힘》은 광장의 시계탑처럼 선명하게 다가왔다.
"고민하는 것이 사는 것이고, 고민의 힘이 살아가는
힘"이라는 선언은 향상심과 자기 퇴행 사이에서
갈팡질팡하는 우리를 단단히 붙들어 세웠다.
'헬조선'과 '소확행'이 유행인 요즘, 미래에 대한
호들갑스러운 기대 없이 오늘의 나와 내 옆의 이웃을
보듬어 사는 과장 없는 삶에 귀 기울여 보라. 낙관과 비관의
극단에서 기울지 않고 현실을 정면으로 바라볼 때 인생을
소신껏 살아갈 힘이 생긴다. 그 일과 삶의 근본 철학을
재일한국인 강상중의 유려한 말로 들어 기쁘다.

이제는 불완전한 내가
불만스럽지 않아요

바이올리니스트 정경화

5

정경화의 활이 허공에 한 줄의 선을 그을 때마다 나는 "태초에 빛이 있으라 하니 빛이 있었다"라는 어마어마한 구절을 떠올리며 몸서리를 치곤 했다. 흑암을 깨는 명령 "빛이 있으라"와 "빛이 있었다"는 창조 사건 사이에 존재했을 알파와 오메가의 시간. 그 속에 내가 있었다.

정경화의 무대를 보고 있자니 사운드를 초월해 표정과 육체만으로도 전율이 일었다. 파르테논 신전처럼 버티고 선 몸, 떨리는 눈꺼풀과 주름진 미간, 견고한 턱과 입술, 어깨의 삼각지, 나는 그녀가 하늘 높이 쌓아 올리는 음표의 바벨탑을 목격하고 탄복했다. 힘차게 활의 노를 저어 브람스의 바다를 건너고, 모차르트의 들판을 지나 바흐의 산맥을 등반하는 동안 여섯 살 소녀는 일흔 살 할머니가 되었다. 그사이 얼굴엔 고운 주름이 내려앉았다. 2005년부터 5년 동안 부상의 시간도 보냈다.

다시 활을 쥔 노인은 지난 2년간 베이징에서 시작해 광저우, 상하이, 런던, 서울, 도쿄, 런던, 뉴욕을 돌며 바흐의 소나타와 파르티타 여섯 곡 전곡을 무반주로 연주했다. 오직 바이올린만으로 세 시간 동안 거대한 소리를 건축해 냈다.

65년간 '알파와 오메가'의 시간을 살았던 바이올리니스트 정경화를 만나러 갔다. 서른세 번째 정규 앨범《아름다운 저녁》의 기념 공연을 앞둔 무렵이었다. 구기동 자택의 초인종을 누르자 가장 먼저 '요하네스'와 '클라라'가 요란한 발걸음으로 달려 나왔다. 아홉 살, 여덟 살 반의 강아지들은 암팡지게 짖었다. 무서우리만치 맹렬한 환대였다.

"요하네스! 클라라!" 정경화가 강아지를 가슴에 안고 함빡 웃었다. 스태미나 넘치는 명랑한 목소리가 실내에 울렸다.

이곳엔 언제 정착하셨어요?

2010년부터예요. 산 밑이라 공기가 맑고 기운이 좋아요. 이곳에서 나는 건강이 다 회복됐어요. 미국에서는 의사 한번 보는 데도 몇 날 며칠이 걸리는데, 한국에서는 빨라.

국보급이시니까요. (웃음)

(손을 휘저으며) 아녜요. 아무튼 한국에서 사랑을 참 많이 받아요. 내가 미국에는 1961년에 가서 참 오래 살았어요. 참, 그런데 추워요? 아니면 더운가? 불편하면 쿠션에 기대서 앉아요. 차 줄까요? 과일은? 요하네스, 클라라! 얌전히! 하하. 내가 좀 예민해. 예민하죠.

평생을 예민한 성격으로 사셨어요. 눈꼬리, 입꼬리가 팽팽히 당겨진 활 같은 표정을 하시고서. (웃음)

무대에 나가면 뒤통수에도 눈이 있어. 오케스트라 한 명 한 명하고 신경줄로 전부 연결이 된다니까. 좀 심각했지, 하하하. 실내악을 해도 그건 마찬가지야. 가벼운 적이 한 번도 없어. 하모니를 맞출 때 리듬이 연결돼 있다구. 소리는 다 즉흥적이야. 무대, 객석, 악기, 음향이 다 서로 연결돼서 연주가 나와요. 말도 못해, 그 즉흥성이. 천만 번 준비를 해도 모든 연주는 즉흥적일 수밖에 없어요.

공연 준비는 어떻게 돼 갑니까?

아주 흥미로운 연주가 될 것 같아요. 아직 음향 성격을 모르니까, 소리가 어떻게 부딪히고 공명하는지 그 컬러

137

와 톤을 상상하는 즐거움이 커요.

물감이 캔버스를 적시며 빛과 물의 길을 만들어 내듯, 정경화의 현이 허공에 한 줄 선을 그을 때마다 공기의 텍스처는 다양하게 소리의 실핏줄을 만들어 낸다. 소리의 입자와 파동을 전달하는 음향은 연주자와 청중의 귀를 한 몸으로 잇는 예민한 신경줄일 터.

과르니에리(Guarneri)로 연주하시죠? 온도, 습도, 그 날 객석의 열기와 탄성에도 반응하는 악기라고 알고 있어요.
네. 이 과르니에리가 정말 예민해요. 인간보다 더하죠. 그래서 매번 신비로운 긴장감을 줘요. 그런데 또 예술에서 신비로움이 얼마나 중요해요. 그뿐인가. 프레시하기도 해야 해. 나이 70에 여전히 프레시라니, 아이고, 내가 미쳤어, 아하하.

칠순을 맞은 기분이 어떠세요?
사실 별로 생각을 안 했는데 일주일 전부터 약간 기분이 이상했어요. 우울증인가 싶기도 하고. 생일 전날엔 가까운 사람들과 모여 단출하게 저녁만 먹었어요. 그런데 딱 70이 되는 날, 아침에 일어나니 너무 홀가분한 거야. '아! 70이 돼도 어제랑 오늘이 다르지 않구나!'

소설가 박완서 선생도 똑같은 말을 하셨지요. 말할 수 없이 홀가분하다고.

네. 홀가분해요. 70세가 됐다고 갑자기 더 늙는 것도 아니죠. 인간은 사실 매일을 극복하는 게 힘들어요. 젊었을 때는 앞날을 바라보고 가죠. 40세, 50세가 지나면서 점점 앞날이 아니라 오늘이 중요하다는 걸 깨닫게 돼요. 그다음엔 순간순간이 중요하다는 걸 알죠. 60세가 되면 그런 생각조차 안 해요. 70세엔 이 시간을 보람 있게 보내야겠다는 욕심이나 부담이 없어져요. 그런데 신기하게도 자기 마음속 세상을 보는 눈은 조금도 늙지 않아요.

연주할 때 몸의 느낌은 어떠세요?

이번에 브람스 콘체르토를 연주했는데, 물리적으로 완벽한 연주는 아니었어요. 젊었을 때는 그렇게 완벽했는데. (웃음) 중요한 건 불완전한 내가 불만스럽지 않았다는 거예요. 이 이상 어떻게 더 해? 하하하. 젊을 땐 부모, 나라, 스승을 위해서 안달하며 연주했는데, 지금은 나를 위해서 해요. 내가 여섯 살 때 발견했던 최초의 신비…… 그 소리의 색채, 마음속의 무지개를 좇아서 해요.

이번에 서른세 번째 앨범을 내면서 가브리엘 포레와 세자르 프랑크의 곡을 연주했어요. 포레는 젊을 때 사랑에 빠져 그 작품을 썼고, 프랑크는 60대 중반에 썼어요. 그런데 프랑크의 곡은 젊을 땐 일부러 성숙함을 연출하려고 했지만, 지금은 자연스럽게 그게 되는 거예요. 그래서 나는 기브업(give up)은 안 할 겁니다.

기브업을 안 한다는 말이 상쾌하게 들리네요!

"40세, 50세가 지나면서
점점 앞날이 아니라
오늘이 중요하다는 걸 깨닫게 돼요.
70세엔 이 시간을
보람 있게 보내야겠다는
욕심이나 부담이 없어져요."

하하하. 말로는 종종 "때려쳐야지" 그래요. 그러면 왠지 속이 좀 시원해지거든. (웃음) '해도 그만, 안 해도 그만' 식의 여유와 배짱이 있어야 더 즐겁게 할 수 있어요. 그런데 아마 기브업은 안 할 겁니다, 하하.

'현의 마녀', '암사자' 같은 과거의 별명에 대해선 어떻게 생각하세요?
하하하. 인정해요. 어떻게든 쥐고 흔들어야 직성이 풀렸으니까요. 그때는 그랬어요.

손가락을 보호하기 위해 수영할 때도 장갑을 꼈다는 게 사실인가요?
수영은 아니고 목욕할 때 그랬어요. 굳은살이 풀리면 안 되니까.

그런데 2005년 그렇게 애지중지하던 손가락에 큰 상처를 입었다.

가장 중요한 왼손 검지에 상처가 생겨서 코르티손(일종의 무통 주사)을 맞았는데 연결 부위가 약해져서 완전히 꺾어졌어요. 5년 동안 재활을 했어요. 한국의 명의에게 수술도 받았어요.

손가락에 칼을 댔다는 말인가요?
네. 뼈에 구멍을 뚫고 수술을 했어요. 저는 제 외과 주치

의를 100프로 믿었어요. 그분도 그랬고요. 다른 연주자라면 상상도 못 할 일이에요. (웃음)

정경화는 결과적으로 5년간 부상의 시간이 축복의 시간이었다고 했다. 5년 동안 줄리어드 음대에서 학생들을 가르치며 그녀는 악기가 아닌 머리로 연주하는 훈련을 했다. 아킬레스건이 끊어진 무용수와 같았지만 포기하지 않았다.

머리로 연주를 한다는 게 무슨 말이죠?
나는 연주 소리가 귀로 다 들려요. 머릿속 연주가 정확하게 나오죠. 내가 받은 축복입니다. 그때 바흐의 무반주 곡들을 연습했죠. 만약 악기를 쓸 수 있었다면 게을러서 머리에 총구를 들이대도 안 했을 거야, 하하하. 바흐는 특히 하모니가 너무 까다로워. 그 복잡한 무반주와 파르티타 여섯 개를 이 나이에 손으로 연습했다면 못 했겠죠.

그러니 신의 은총이 얼마나 놀라우냐고 그녀가 폭죽 같은 웃음을 터뜨렸다.

나의 스승 갈라미언(Ivan Galamian)은 하루 열네 시간씩 지독하게 나를 연습시켰어요. 그분 말씀이 "못 견딜 정도로 힘들 때가 제일 잘될 때다"였죠. 내 어머니도 늘 말씀하셨죠. "화가 복이 되니 힘들 때는 공부하라"고.

그러니까 작년의 바흐 무반주 완주는 그 끔찍한 부상과

뼈에 구멍을 뚫는 수술로 인해 머릿속으로 상상의 연주를 했기에 가능했다는 건가요?

그렇습니다. 결국엔 제 꿈이 이뤄지기 위해 그런 시련의 시간이 필요했다는 거죠.

모든 게 시간과 인내 그리고 믿음으로 이어지는 느낌입니다.

맞습니다. 삶에서도, 음악에서도 인내의 시간이 꼭 필요합니다.

천재의 핵심은 재능이 아니라 인내심이라는 말처럼 들립니다.

(정색하며) 어떻게 나를 천재라고 얘기해요? 엄마가 나를 신동이라고 한 적은 있어요. 그런데 천재는 아니야. 그냥 바이올린에 미친 거야. 여섯 살 때부터 지금까지. 피아노를 배웠을 땐 아니었어. 네 살에 피아노를 배울 땐 피아노가 그렇게 미웠다고. 그런데 바이올린은 케미스트리가 맞았던 거죠.

과르니에리를 좀 가까이 보고 싶습니다.

(아기 다루듯 조심스럽게 꺼내 보여 주며) 보세요. 1735년에 태어났으니 280살이 넘었죠. 조셉 과르니에리(Joseph Guarnieri)가 직접 만든 건데 전 세계에서 150개 정도 있을 거예요. 인상이 부드럽고 신비한 악기입니다. 이 속에 들어 있는 수만 가지 색채는 상상을 초월해요.

함께 연주한다는 생각이 드나요?

(다시 정색하며) 아니요. '함께'라는 표현은 시작도 안 한 거예요.

한 몸이 되어선지 표정과 자세가 정말 리드미컬합니다.

어렸을 때는 야샤 하이페츠(Jascha Heifetz)에게 크게 혼이 났어요. 움직이지 말고 연주하라고. 그림처럼 서서 하라는 거죠. 그런데 제가 요즘 바흐의 무반주곡을 연주할때 가만히 서서 해요. 하모니가 착착 올라가니까. 그걸보고 어떤 영국 저널리스트는 또 "어떻게 움직이지 않고 연주할 수 있느냐"고 신기해하더라고. 야샤 하이페츠가 봤으면 상상도 못 할 일이잖아, 하하하.

문득 궁금해졌다. 65년의 세월 동안 긴 지옥(악보와 사투를 벌이는)과 짧은 환호의 시간을 반복적으로 치러 온 이 여인의 견고함은 대체 어디에서 온 것일까? 우주의 별을 향해 온몸으로 모스 부호를 쏘아 올리듯, 그렇게 무대에선 포효하는 암사자였지만, 한편으론 갚아도 다시 늘어나는 빚처럼 몇 년 후의 연주 스케줄에 일상을 저당잡힌 예술 채무자의 삶이 기막히진 않았을까.

그래서였을까. "칠순이 될 때까지 솔리스트로 사랑받으니 얼마나 행복하냐?"는 질문에 그녀는 노려보듯 되물었다. "어떻게 나한테 행복하냐고 물어볼 수 있어요?" 이어 또 폭죽 같은 웃음이 터졌다.

하하. 내가 기가 막혀. 나더러 행복한 인생을 살았냐니?

'현의 마녀'에서 '현의 현자'가 된 칠순의 정경화. 6세에 바이올린을 잡은
그녀는 9세에 서울시립교향악단과 협연, 13세에 줄리어드 음악원에
장학생으로 입학했다. 1960년대부터 미국과 유럽을 장악한 최초의 한류
스타이자 바이올린 거장이다.

아냐, 아냐. 대신 난 기가 막히게 축복받은 인생을 살았어요. 그런데 지구에 태어난 수많은 인구는 다 제 각자 기막히게 축복받은 인생이잖아.

그래도 특별히 행복한 순간들이 많으셨지요?

아니요. 그렇다면 그건 완전히 거짓말입니다. 70년을 살면서 가슴이 찢어진 게 한두 번이 아니야. 울음을 너무 울어서 난 울음이 안 나온다고.

가뭄 끝의 논바닥처럼 목소리가 갈라졌다.

그러면 그 현의 소리는 다 눈물의 소리입니까?

(떨리는 목소리로) 두려웠어요, 나는. 공포의 우산 속에서 살았지. 사회의 기대에, 부모님의 기대에 어긋날까, 그게 너무 무서웠고, 그래서 늘 겁에 질려 있었어. 열일곱 살 때 스승인 미스터 갈라미언 손에 이끌려 뉴욕에서 세계 최고 오케스트라와 무대에 섰어요. 무대에서 내려와서 알았지. 내가 어마어마한 일을 했다는 걸. 아직도 기억나는 게 호텔의 벽지야. 호텔에 와서 벽지를 보고 얼마나 슬피 울었던지. '이게 내가 살아갈 인생이구나.' 음악은 청중에게 주는 거고, 내가 받는 박수갈채는 금방 지나가요. 그렇다면 나한테 남는 건 뭐냐? 결국은 내 악기, 내가 사랑하는 소리…… 알겠어요? 이게 얼마나 크레이지 러브냐고!

146

그 운명을 알고도 그 길을 터벅터벅 걸어갔을 열일곱의 소녀가
생각나 마음이 아려 왔다. 그녀가 다시 한번 셰익스피어 연극
대사처럼 부르짖었다. 이 얼마나 지독한 연분이고 지긋지긋한
사랑이냐고. 옛날엔 그 지독한 사랑의 열병에, 제대로 소리가 안
날 땐 울고 머리카락을 다 잡아 뜯었다고.

카네기홀에서 멘델스존 연주할 땐 끝나고 드레스룸에 들
어가 문을 잠가 버렸어. 팬들이 겹겹이 나선형으로 줄을
서 있는데도 안 열어 줬어. 연주 중에 음이 하나 튀었거
든. 그런데 지금은 잡아 뜯을 머리카락도 없어요, 하하하.

완벽주의에 대한 강박은 다 사라졌나요?
연주할 수 있다는 것 자체가 감사해요. 아름다운 선율을
전달한다는 것만으로 마음이 편해요.

나이가 들수록 정경화의 무대는 더욱 넓어졌다. 2014년엔
내전 중인 르완다를 찾아가 검은 얼굴의 소년들과 바이올린을
연주했다. 이듬해엔 전교생이 열일곱 명인 강원도 횡성의 산골
학교를 찾아가 비발디의 〈사계〉와 바흐의 무반주 소나타를
들려주기도 했다.

**공기가 찢어지도록 절정으로 치닫는 연주도 좋지만, 나이
든 정경화가 편안하게 연주하는 모습도 감동적이에요.**
그게 다 무의식적으로 전달이 되는 모양이야. 고맙죠.

그런데 완벽하다는 건 뭘까요? 왜 우리 모두 그렇게 완벽을 추종하는 걸까요?

1967년에 내가 레벤트리 콩쿠르에서 상을 받았을 때, 그때 내 연주는 테크니컬리 완벽했어요. 결백하고 순수한 괴물에 가까웠지요. 지독하게 연습을 했으니까요. 이젠 테크닉으로는 그렇게 못 해요. 그래서 '레전드'라는 말은 감사하지만 동의는 못 하겠어. 다만 청중이 내 음악을 선물로 받고 신비한 것을 간직할 수 있다면 좋죠. 그거 알아요? 소리는 한번 들어가면 나오지 않아요. 심장에 박힌 소리는 죽을 때까지 못 잊어요.

어머니가 없었다면 지금의 선생이 없었을 거라는 말을 종종 하셨어요. 어머니는 천부적인 교육자였다고요.

어머니는 통찰력과 판단력이 남다르셨어요. 일곱 남매의 갈 길을 딱딱 맞게 찾아 주셨죠. 아이한테 지금 중요한 게 뭔지를 너무나 잘 아셨어요. 어머니는 우리 말을 정말 잘 들었어요. 부모가 애들 말을 안 들어주면 애들이 어떻게 성장을 하겠어요? 게다가 외할아버지는 애국심이 강하셨는데, 어머니와 저, 명훈(정명훈)이가 그 피를 받았어요. 일곱 형제가 다 다른 걸 받아서 서로 경쟁하지 않고 사랑하며 살았어요.

정경화는 아버지(1980년), 어머니(2011년)가 돌아가셨을 때 장례식장에서 바흐의 〈G선상의 아리아〉를 연주했다.

정 트리오(정명훈, 정명화) 가족과 만나면 어떤 이야기를 나누세요?

이젠 서로 모이지 않아요. 다 자기 살기 바쁘죠. 언니와 는 종종 통화해요. 동생은 얼마 전 차 사고를 당해서 안 타까워요. 저는 악기가 인생, 동생은 오케스트라가 인생 이죠. 특히 동생은 외할아버지 피를 받아서 애국심이 강 하고 한국에 대한 사랑이 얼마나 뜨거운지 몰라요.

정경화의 목소리는 장조에서 단조로 수시로 코드가 바뀌었다. 옆에서 요하네스와 클라라가 주기적으로 깽깽대며 주인과 장단을 맞췄다. 그것은 아주 기묘한 실내악 연주였다. 그녀의 이야기는 가슴이 저미도록 쓸쓸하기도 했고 매우 격조 있고 웅장하기도 했다. 고음의 현이 공기 표면에 찰과상을 입히듯 나는 그녀의 고독에 육체적으로 반응해 자주 몸을 떨었다. 그녀가 사랑한 악기, 그녀가 그렸던 소리, 그녀가 우정을 나눈 작곡가, 곁에 있어도 늘 그리웠을 존재들……

사랑하는 작곡가는 누구였나요?

모차르트는 천재였어요. 브람스는 그렇지 않았어요. 그 이가 얼마나 노력을 했는지 말도 못해요. 고집불통일 만 큼 노력을 했어요. 그 노력으로 로맨틱한 곡, 스트럭처가 강한 곡, 거의 모든 장르의 곡을 고통을 품고 다 소화했 어요. 바흐는 겸손했어요. 파르티타 2번 〈샤콘느〉를 들어 봐요. 쬐끄만 나무통 악기로 지구상에 그런 소리를 낼 수 있는 사람은 바흐뿐이에요. 작년에 카네기홀에서 바흐의 무반주 소나타와 파르티타를 연주하면서, 나는 또 감탄했어요. 이 작은 악기에 이런 수만 가지 음률을 담다니. 나는 바흐가 바이올린으로 직접 연주하는 〈샤콘느〉를 들어 보고 싶어요.

정경화에게 모차르트와 바흐와 브람스는 고인이 아닌 듯했다. 그 누구보다 생생히 살아 신성한 우정을 나누는 친구들이었다.

언제 슬프세요?

나는 굿바이가 슬퍼요. 나는 사랑을 잘해요. 인간적인 사랑을 할 때는 심장에서 피가 철철 흐르도록 하지요. 그래서 사랑하는 사람 보낼 때가 제일 슬퍼. 나를 닮아선지 요하네스, 클라라도 굿바이를 제일 싫어해. 이거 봐, 헤어지는 순간이면 저렇게 눈빛부터 슬퍼진다고.

아이들 키울 땐 어떠셨어요?

아들이 둘인데 참 예쁘게 커 줬어요. 첫애를 서른여섯 살에, 둘째를 서른아홉 살에 낳았어요. 나는 평생 "미안하다, 고맙다"를 달고 살았지. 1년에 120회 공연을 해야 했으니까. 우리 엄마처럼은 못 했어요. 그냥 공간을 주고 찾아가도록 믿어 줬죠. 엄마는 행동도 재빨라서 적성을 딱딱 찾아 줬죠. 명화 언니는 피아노도 바이올린도 안 맞으니까 그날로 첼로 사 가지고 와서 선생까지 붙여 줬을 정도였죠, 하하하.

어떤 이야기를 나누든 어머니에 대한 사랑과 자부심이 자석처럼 따라붙었다. "요즘 부모들은 제발 애들 속 좀 썩이지 말라"는 일침도 세트였다.

요즘 부모들이 새겨들어야 할 말이 있을까요?

자꾸 1등 하라고 재촉하지 마세요. 그러면 안 돼요. 아무리 1등 해도 속이 비면 나중에 망가져요. 그 속을 격려로, 자신감으로 꽉꽉 채워 줘야지. 우리 엄마는 평생 "안 돼" 소리를 안 했어요. 우리도 겁이 많아서 위험한 짓은 안했어. 동생 하나만 좀 유별났지. (웃음)

어쨌든 선생은 1960년대에 이미 음악 한류의 길을 낸 선구자예요. 현재 K팝 뮤지션들을 보면 어떤 생각이 듭니까?

난 정말 감탄해요. 한국인들이 얼마나 탁월한지. 잠시도 한자리에 있지 않고 길을 찾는다고. 지금 K팝의 선전을 보면서 나는 브람스를 생각해요. 브람스는 200년 전 사람인데 지금 들어도 그 곡이 넓고 깊어요. 청년들이 어떻게 그 넓이와 깊이를 가져갈까? 나도 궁금해.

그녀의 말대로 심판자는 시간이고, 그 시간 속에서 계속 살아남을 수 있는 사람과 그렇지 못한 사람은 걸러질 것이다. 정경화는 간간이 문장을 툭 던져 놓는 식으로 말했기 때문에, 나는 그 메타포를 이해하기 위해 머리를 굴려야 했다. 게다가 요하네스와 클라라가 번갈아 짖어대서 어떤 주제는 정문으로 들어가서

"중요한 건
불완전한 내가
불만스럽지 않았다는 거예요.
이 이상 어떻게 더 해?"

뒷문으로 나와 맥락을 연결하는 데 애를 먹었다. 한국인의 탁월성을 이야기할 때는 엉뚱하게 윷놀이를 예로 들었다.

윷놀이가 왜 한국인의 탁월성을 설명하는 데 힌트가 되죠?

일곱 형제 중에 나만 영국인과 결혼했지만, 아들 둘이 어릴 때 한국말도 잘했고 윷놀이도 많이 했어요. 윷놀이는 운도 좋아야 하지만 말도 잘 둬야 해요. 룰렛 베팅보다 훨씬 드라마틱해요. 모 네 번에 윷과 걸이 나오면 한 번에 판이 끝나기도 하죠. 그걸 보면서 생각했어요. '인생은 갬블(도박)이다. 동시에 믿는 사람에겐 블레싱(축복)이다.' 운이 좋아야 하겠지만, 할 노력을 다하면 보이지 않던 길이 뚫려요. 나는 음악도 오감이 아니라 그런 육감으로 해요. 하이 레벨로 올라갈수록 완전히 육감이죠.

운명의 '윷'을 던지고 노력의 '말'을 놓는 육감의 세계. 그렇게 인생은 갬블인 동시에 블레싱이라는 정경화의 말이 평범한 우리들에게도 위안이 된다.

어떤 꿈을 꾸세요?

특별한 거 없어요. 앞으로도 청중들과 오래 아름다운 선율을 나누는 거죠. 나는 무대에서 연주하는 독특한 재능을 타고났어요. 그건 인정해요. 하지만 예술가로 치자면 나는 크리에이터가 아니라 리크리에이터예요. 크리에이터는 작곡가죠. 나는 항상 작곡가들이 음악 세계 중심이라고 생각해 왔어요. 내가 그들의 악보에서 발견하는 것은 무한한 인내와 겸손이었어요. 바이올린도 그래요. 이 놈의 악기도 겸손하지 않고 감사하지 않으면 견딜 수 없게 만들어요. 지독하게 힘들지. 하하.

어쨌든 그녀는 더 이상 '현의 마녀'가 아니다. 완전한 음을 위해 몸부림쳤던 불완전한 나날들에 대한 보상으로 시간은 마침내 그녀를 '현의 현자'로 빚어냈다. 작은 바이올린을 손에 움켜쥐고 소리의 무지개를 찾아 떠났던 소녀가, 전 세계 최고 오케스트라와 함께 지구 곳곳에 찬란한 소리의 색채를 뿌리고 구기동 산자락에 앉아 웃고 있다. 피아노 위엔 베토벤의 전기가, 서가엔 바흐의 악보가 자리를 지키고 있었다.

(2018년 5월)

이제는 정경화의 바이올린 연주를 들을 때마다 두 개의 장면이 반사적으로 떠오른다. 하나는 완벽한 연주를 끝내고 호텔방 벽을 쳐다보며 울고 있는 열일곱 살 소녀, 또 하나는 가족들과 웃으며 윷을 던지고 말을 놓는 중년의 여인이다. 오선지 앞에서 활을 쥔 정경화는 우리를 긴장시키지만 윷을 던지는 정경화는 우리를 미소 짓게 한다. "인생은 도박이다, 동시에 축복이다." 그녀의 말처럼 어떤 패가 나올지 모르지만, 자신의 운을 믿는 사람은 최적의 말을 놓을 수 있다.
인터뷰 후에 무대에 선 정경화를 보았다. 여유가 넘쳤고 공연 내내 함께 즐기는 기색이 역력했다. 전성기 시절에 비하면 오차 없이 완벽한 연주는 아니었으나 객석에서 느끼는 감동은 더욱 크고 황홀했다.

'이것으로 충분하다'면
충분합니다

일본인 디자이너 하라 켄야

156

무인양품(無印良品, MUJI)을 좋아한다. 흰색, 회색, 검은색 같은 심심한 무채색에 불필요한 장식은 칼로 잘라낸 듯 매끈하고 간결한 디자인. 제품 어디에도 로고가 없다. 무인양품은 도장이 찍혀 있지 않은, 즉 브랜드가 없는 좋은 제품이라는 뜻. 면봉부터 침대까지, 7,500여 개에 이르는 생활용품은 친환경 재활용 소재를 사용한다. 꾸밈이나 허세가 없는 무인양품은 대지진 이후 더욱 일본인의 생활에 밀착한 '습관의 브랜드'로 정착했다.

무엇보다 무인양품이 단순한 라이프스타일 브랜드가 아닌 일본의 미학을 담은 '국민 브랜드'로 성장한 데는 하라 켄야의 공이 크다. 2002년에 그가 디자인 수장이 되어 제작한 무인양품의 텅 빈 지평선 시리즈는 지금도 유명하다.

교토 사원의 다실처럼 정갈하고 군더더기 없는 하라 켄야의 공(空)의 철학은 무엇이든 담아내는 빈 그릇으로 엄청난 힘을 발휘했고, 2001년 단기 급성장의 후유증에 빠졌던 회사를 일으켜 세웠다. 현재 무인양품은 그 영역을 확장해 1인용 도심 오두막 '무지헛', 나무집과 창문집 등 다양한 형태로 판매되는 '무지하우스', 무지 제품으로 채워진 '무지호텔'까지 만들어서 판매 중이다.

미니멀 라이프를 살아가고자 하는 청년과 중년 세대에게 구체적인 영감을 줄 수 있겠다는 생각으로 '디자이너의 디자이너' 하라 켄야에게 인터뷰를 청했다. 만남은 그가 머무는 비즈니스 호텔에서 가까운 동대문디자인플라자(DDP)에서 아침 8시에 이뤄졌다. 가까이서 본 하라 켄야의 손은 매우 투박하고 두꺼웠다. 깍지를 낀 양손이 마치 장인과 상인이 악수하는 것

157

처럼 보였다. 인터뷰가 시작되자 그는 1분 1초, 단어 하나 허투루 낭비하지 않고, 밀도 높은 디자인 이야기를 쏟아냈다. 시간을 쪼개 쓰는 그 알뜰함과 어마어마한 집중력에 혀를 내두를 지경이었다.

흰머리, 작은 안경, 검은 옷. 의상도 군더더기가 전혀 없군요.

특별히 신경 쓰지 않았어요. (미소 지으며) 살이 쪄서 검은 옷을 입은 것뿐입니다. 해외 출장을 다닐 땐 항상 5분 안에 입고 나갈 옷을 챙겨요. 같은 셔츠와 바지가 여러 벌이지요. 그 와중에 머리가 백발이 되고 보니 은근히 아이덴티티가 생겼어요.

안경은 직접 디자인하셨나요?

아니요. 이것도 가까이 있는 동네 안경점에서 산걸요.

모든 것이 무인양품스럽습니다. 매우 기능적으로 보인다는 뜻이지요.

2002년 무인양품의 디렉터 다나카 잇코(田中一光)에게 발탁돼서 철학과 디자인을 만들어 갔어요. 이젠 그 스타일이 완전히 몸에 배었습니다. 무인양품은 내게 굉장히 중요한 클라이언트입니다. 지금 무인양품은 항공사, 여행사, 호텔, 야구팀까지 만들 수 있어요. 저는 무인양품이 투수라면 강속구를 던지는 사람이 아니라 어두운 무채색의 유니폼을 입은 사람이다, 그런 쓸데없는 상상을 하곤 합니다.

무인양품에서 당신이 제시해서 파격을 일으킨 공(空)의 철학은 여전합니까?

물론이죠. 저는 무인양품 포스터 시리즈로 텅 빈 지평선을 보여 줬어요. 비어 있다는 것, 나아가 비워 둔다는 건 엄청난 잠재력이 있죠. 지금도 무인양품 일을 할 때 이 메시지를 마음에 새깁니다. 그래야 과장된 디자인을 경계할 수 있지요.

오늘날은 물자도 욕망도 넘쳐 나는 풍요의 세계입니다. 왜 이런 역설을 추구합니까?

저는 원래 쓸데없는 표현을 하지 않는 자세를 제 철학으로 갖고 있습니다. 사물이든 욕망이든 에센스를 찾아내서 최단거리에서 실현하는 게 저의 디자인이에요.

기능주의와 슈퍼 노멀은 여전히 유효한가요?

물론입니다. 슈퍼 노멀(Super Normal)은 후카사와 나오토(深澤直人)와 재스퍼 모리슨(Jasper Morrison)이 주장한 개념입니다. '평범하지만 멋진', '비범한 평범'을 일컫습니다. 디자이너로서 기능주의와 슈퍼 노멀에 집중하는 일은 수학을 연구하는 것과 비슷해요. 디자이너가 잘 고안된 기능을 찾아 주고 소비자가 그것을 누리면서 점점 삶의 원리를 깨닫는 식이죠. 물리학을 몰라도 직립보행을 할 수 있지만, 그게 중력 덕분이라는 걸 알면 좀 더 현명해지는 식입니다.

제품을 예로 든다면요.

무인양품의 수건은 레이스도 없고 색깔도 다양하지 않습니다. 하지만 면이 정말 좋아요. 다른 요소를 제한하고

“‘이것으로 충분하다’에는
약간의 포기가 있습니다.
어느 정도 수준까지 더 갈 수도 있지만
그 정도에서 선을 긋는 것이죠.”

수건의 기능을 극대화하면 소비자도 그 촉감을 깨닫고 좀 더 현명한 선택을 하게 됩니다. 수건을 고를 땐 소재를 따져 고르는 거죠. 샴푸도 외양이 단순하고 성분이 좋은 제품을 찾게 돼요. 점점 소비 패턴이 바뀌는 거죠. 접시를 예로 들어 보죠. 이탈리아에 가면 파스타 접시가 다 두꺼워요. 접시를 데워 요리 온도를 더 오래 보존하기 위해서죠. 사물의 원리에 관한 깨달음이 쌓이면 세계가 달리 보여요.

'애플 짝퉁'이라는 이미지로 시작해 글로벌 기업으로 성장한 샤오미의 마케팅 책임자 리완창은 자신이 영향을 받은 사람은 애플의 스티브 잡스가 아니라 무인양품의 하라 켄야였다고 고백했다.

선생이 만든 '이것으로 충분하다'는 메시지를 좋아합니다. 어떻게 탄생했나요?

대화 중에 우연히 나왔어요. 사람들은 "에르메스가 좋다, 프라다가 좋다"라고 명품 브랜드를 애기하죠. 하지만 브랜드가 없어도 '질 좋고 디자인이 좋으면 그것으로 충분하다'는 생각이 들었어요. 이 말이 한국어로 어떻게 들릴지 모르지만, "점심 뭐 먹을까?" 했을 때, "우동이면 됐지" 할 때의 그 느낌. 그게 "무인양품이면 충분하지"라고 할 때와 비슷해요.

그때의 '충분'은 자제력을 의미합니까?

약간의 포기가 있죠. 어느 정도 수준까지 더 갈 수도 있지만, 그 정도에서 선을 긋는 것. 어떤 확신을 갖고 레이스가 달린 수건이 아니라 단순하고 질 좋은 무인양품의 수건이 좋다고 결정하는 거죠. 그런 능동적인 소비자가 멋있다고 생각해요.

불필요한 걸 자제하는 게 동시대적이라는 의미죠?
그렇습니다.

생활 혁명가가 되겠다는 사명이 있습니까?
꼭 그렇게 생각하진 않아요. 다만 디자인이 사회에 좋은 영향을 끼쳤으면 해요. 저는 그래픽 디자인으로 출발을 했지만, 제품과 건축까지 나갔죠. 영역이 없는 디자인이 진짜 디자인의 개념에 가깝습니다. 디자인은 사실상 소중한 질문이에요. 가령 "집을 만들어 보면 어때?" "이런 라이프스타일은 어때?" 같은 거죠. 문제에 답을 주는 것보다 새로운 질문을 던지는 게 더 좋은 디자인입니다.

이젠 제품뿐 아니라 집까지 디자인의 영역으로 확장했더군요. 계기가 있습니까?
다나카 잇코가 무인양품을 시작할 때는 제품이 40개 정도였어요. 제가 참여한 후로는 5,000개 정도가 됐죠. 요즘엔 7,500개예요. 단순히 생활용품을 파는 게 아니라 생활 전반을 오퍼레이션하는 시스템으로 가는 거죠. 그래서 생각했어요. 판매에서 끝내면 안 되겠구나. 사용자를 교육해야겠구나. 지금 소비자는 단순히 기성 제품을 수동적으로 소비하지 않아요. 원하는 것을 직접 찾고 만들고 싶어 합니다. 집이 그 정점입니다.

일본에서 주택은 어떻게 변화하고 있습니까?

일본 국민들은 전쟁 이후 고도성장기를 겪으며 비슷한 집에서 생활했습니다. 그런데 점점 리폼, 리모델링이 유행하면서 집에 대해 다시 생각하게 됐죠. 일본의 집은 공유와는 다른 코인디비주얼(co-individual)의 형태를 띱니다. 가령 2인 가족에는 부부만이 아니라 90세 노모와 70세 아들 등 다양하게 '연결된 개인'이 있습니다. 노인과 독신 세대가 늘면서 집을 통신과 이동, 의료 등 산업이 교차하는 구심점으로 이해하기 시작했어요.

선생이 생각하는 미래 사회의 주택은 어떤 형태인가요?

미래에는 물류 서비스가 중요해질 테고 그래서 주택의 현관 옆에 또 하나의 문이 생길 수 있어요. 보안 시스템으로 안전이 확보된 상태로 밖에서 냉장고 문을 열어 식품이나 약물 등을 바로 투입하는 거죠. 물류 데이터가 확보되면 혼자 사는 거주인의 안전도 점검할 수 있습니다. 문을 하나 더 다는 것만으로 사회가 바뀌는 거죠. 바로 그 모습을 각국의 건축가, 디자이너 들과 고민하면서 '하우스 비전'이라는 실물 모형으로 보여 주고자 했습니다.

놀랍군요. 또 어떤 것들이 있지요?

화장실 시스템으로 당뇨를 발견할 수도 있고 집의 마감을 지퍼로 할 수도 있어요. 전기자동차 배터리를 이용해 태양광을 더 잘 활용하는 집도 상상해 볼 수 있지요. 일본은 에너지 자원이 풍부하지 않아서 나는 항상 에너지에 관심이 많아요. 집 안에 작은 녹색 공장을 만들어 원격조종하는 농가형 하우스도 생각해 봐요. 멀리 있는 딸이 아버지의 배추밭을 관리해 줄 수 있죠. 떨어져 있어도 가족이라는 유닛이 유지되는 거예요. 이 모든 일이 다 내가 생각하는 디자인의 영역이에요.

선생이 살고 싶은 이상적인 주택 형태가 있습니까?
현재 자식들도 독립하고 저는 아내와 단둘이 살아요. 아내는 레이스를 좋아하는 취향을 지녔어요. 저는 최악의 클라이언트와 사는 셈이죠. (웃음) 그래서 나는 호텔에 관심이 많아요. 일과 쉼을 동시에 누릴 수 있는 세계의 집이죠.

현재 무인양품의 7,500개 디자인에 전부 관여합니까?
전혀 아닙니다. 저는 디자인을 안 하는 디자인을 하고 있습니다. 마지막 감수를 통해서 무인양품다운 제품만 출고를 결정합니다. 더는 제품 수를 늘리지 않기를 바라면서요.

가장 애착이 가는 상품은 무엇이죠?
역시나 무인양품의 집입니다. 집에 관한 아이디어가 계

"뛰어난 것은 반드시 발견된다"고 말하는 디자이너 하라 켄야. 그는
2002년부터 무인양품의 디자인 수장으로 활동해 왔고, 그사이
무인양품이 취급하는 제품은 40여 개에서 7,500여 개로 늘었다.

속 샘솟죠. '무지하우스'라는 집은 상품으로도 판매합니다. 나무집, 창문집 다양해요. '무지호텔'도 중국 심천에 생겼습니다. 우리는 럭셔리 호텔을 지을 수도 있지만 그렇게 하지 않아요. 너무 좋지도 나쁘지도 않은 '이것만으로 충분한' 호텔이에요. 불필요한 것은 하나도 없는, 적당하고 담백한 일본 료칸이 모델이죠. 곧 베이징과 도쿄 긴자에도 만들 거예요.

'무지헛'도 있다. 이는 철근 콘크리트 구조물에 일본산 삼나무로 마감 처리한 오두막집이다. 세 평 남짓한 이 오두막은 설치비를 포함해 약 3천만 원에 판매된다. 미닫이문을 열면 툇마루와 바닥을 하나로 사용할 수 있다.

또 무엇을 좋아합니까?

무지의 노트. 처음 무인양품을 시작할 때 파일의 소재나 색깔에 신경을 많이 썼어요. 환경도 고려해서 앞으로 어떤 방향으로 가야 할지 어젠다 같은 제품이 됐습니다. 그리고 또 무인양품의 카레는 정말 맛있습니다. 인도에서 느끼는 그 맛을 그대로 재현했어요. 정말 꼭 한번 먹어보세요. 종류도 40가지나 되는데 내용물에 따라 패키지 디자인을 달리했어요.

안데스산맥의 알파카 양으로 만든 숄과 스웨터도 좋아합니다. 개량되지 않은 원 털을 사용하는데 그 양의 사진을 찍으러 갔던 기억이 납니다. 무인양품은 거의 모든 걸 만들어요. 저는 전 세계를 여행하며 제품을 생각하니다. 무인양품의 호텔을 좋아하는 이유도 그 모든 제품을 통합할 수 있어서죠.

기업이 점점 더 커지면 관리가 어렵지 않겠습니까?

일본에서는 편의점 산업이 더 공룡입니다, 하하하. 제 바람은 무인양품이 서서히 성장하는 거예요. 규모가 커지면 재료 관리와 유통의 효율성에 묶여 재미가 없어져요. 가령 예전에는 찢어진 버섯을 팔았어요. 자연 슬라이스였죠. 그런데 무인양품이 커지면서 버섯을 일부러 찢어야 하는 상황이 발생했고, 판매를 중단했습니다. 물이 흘러가듯 조금씩 커지는 게 소비자에게도 좋습니다.

요즘엔 어떤 고민을 하고 있습니까?

일본은 석기시대부터 지금까지 삶의 방식이 거의 바뀌지 않았어요. 손으로 물건을 만들다 기계로 만들 뿐, 기본은 장인의 나라죠. 그런데 인공지능이 나오면서 근본적인 환경이 바뀌게 됐어요. 매우 당혹스럽습니다.

어떤 부분이 당혹스럽지요?

이탈리아 디자이너 안드레아 브란치(Andrea Branzi)와 함께 디자인의 역사를 100개의 동사로 보여 주는 전시(〈Neo-Prehistory 100 Verbs〉)를 했었어요. 선사시대부터 사람의 역사를 욕망의 역사로 보고 정리를 해 봤죠. 첫 번째는 '때리다, 부수다, 죽이다, 저장한다, 나눈다' 이렇게 알기 쉬운 행위의 동사였어요. 점점 '학살하다, 연구

"뛰어난 것은
반드시 발견됩니다."

하루키

하다, 이동하다'로 욕망이 커지고, 최첨단 무기가 나오면서 '절망하다, 소외시키다, 폭로하다'로 바뀌어요. 최근엔 '원격조종하다, 재생하다, 가상하다'라는 어려운 동사까지 갔어요. 과거에는 사람이 사람 손으로 만든 환경 속에서 살았다면 이제는 인공지능 시스템이 구축한 가상의 세계에서 살아야 합니다. 정말 걱정스러워요.

손끝, 발끝에도 뇌가 있다는 말을 한 적이 있지요?
네. 좋은 공간은 눈보다 피부로 느낀다고 하죠? 저는 인간의 신체는 추상화할 수 없다고 봐요. 땀이 나고 숨을 쉬는 것처럼 신체는 반응을 해요. 디자인을 하다 보니 디자인된 제품을 쓰는 행위도 일종의 디자인이라는 생각을 합니다. 몸으로 아름다움을 느끼고 저장해야 다른 사람에게도 알릴 수 있어요.

그런데 인간의 육체가 점점 감각화를 경험하기 어려워진다는 거군요.
그렇습니다. 석기시대엔 돌, 칼을 쓰다가 대포가 나왔어요. 자전거를 타다가 자동차를 타게 됐죠. 감각은 여전히 살아 있었어요. 그런데 원자폭탄과 미사일이 등장하면서 모든 게 달라졌어요. 사람이 스스로 물건을 만들고 느끼는 시대가 끝났다는 생각이 들었어요. 석기시대부터 인간의 지혜는 이 세계를 변화시켜 왔는데, 나보다 똑똑한 기계를 만든 이후로는 헤어 나올 수 없는 근심에 빠졌어요.

실제로 그는 미궁에 빠진 듯한 고통스러운 표정을 지었다. 인간은 역사가 진행될수록 지혜가 깊어질 것으로 예상했으나, 욕망의 역사로 보면 자가당착에 빠졌다고 괴로워했다.

일본의 디자인 산업은 지금 어떤 상태인가요?

어떤 면에선 정체되었다고 할 수 있어요. 미국의 서해안 이나 중국 등 새로운 산업이 부흥하는 곳에서 새로운 디자인 조류가 탄생하고 있어요. 일본은 뒷짐 지고 못 따라가는 형국입니다. 자동차나 IT 기술 산업을 선도하는 것도 아니고, 에너지나 공항 등 공공 디자인에서도 '쿨하다'는 평가를 못 받아요. 공공 공간을 개발하려고 많이 노력 중이에요.

한국의 건축가 최욱이 일본의 사무라이 미학은 정교하고 장인적이지만, 한국의 선비 미학은 관념적이고 직관적이라고 했습니다. 동의하나요?

맞는 얘기라고 생각합니다. 사무라이는 칼 대신 아름다움으로 세계와 대결하는 면이 있습니다. 언제 죽을지 모르는 사람이 만든 미적 클라이맥스가 있습니다. 반면 한국의 아름다움은 철학적이고 좀 더 열려 있습니다. 미완성이 그 자체로 아름다움이 되기도 하죠.

서울의 공간 중에선 어떤 곳을 높이 평가합니까?

성북동에 있는 한국가구박물관과 한남동의 리움미술관이 훌륭합니다. 건축적으로도 멋지지만, 그 공간에 있어야 할 사물이 놓여 있는 모습을 보는 일이 매우 즐겁습니다.

디자이너로서 어떤 소재가 흥미로운가요?

흰 종이요. 더러워지기 쉽고 찢어지기 쉽다는 긴장감이 재미있어요. 사람이 먹으로 그림을 그리고 글씨를 쓸 때 한번 손을 대면 되돌릴 수 없다는 물성이 좋습니다. 종이가 있었기에 인간은 수식을 적고 기록을 남겼지요. 모든 인간의 성과가 종이에 표현됐어요. 인쇄된 활자나 컴퓨터도 멋지지만, 저는 종이 그 자체에 대한 경외가 있어요.

최근에 새롭게 발견한 디자인 원리가 있습니까?

왜 테이블은 사각일까? 하하하. 지구는 둥근데 세계의 디자인은 사각이 훨씬 많아요. 곡선의 세계에 직각이 많은 이유는 뭘까? 빌딩, 엘리베이터, 문, 창문, 컴퓨터 모니터, 벽, 모두 직각이죠. 꿀벌은 육각형을 선호해요. 유독 인간이 직사각형에 안정감을 얻는 이유는 수평인 바닥에 서서 직립하는 존재이기 때문이에요. 손과 눈이 양쪽으로 달려 좌우대칭을 원하는 욕구도 있고요. 자각하지 못했던 세계를 깨달으면 시야가 트이고 지혜가 생겨요.

그는 자하 하디드(Zaha Hadid)가 지은 이 유선형 건물(DDP)의 서가를 가리켰다. 사각형 디자인의 책을 원형 벽면의 서가에 세워 놓으면 어쩔 수 없이 틈이 생긴다고. 과연 그랬다.

선생을 이토록 엄정한 디자이너로 이끈 사람은 누굽니까?

이시오카 에이코(石岡瑛子)입니다. 세계적인 아트디렉터이자 의상 디자이너이기도 하지요. 그분이 도쿄에서 활동할 때, 아르바이트를 한 적이 있어요. 그때 당시에는 일본도로 온몸을 얻어맞고 살이 찢기는 기분이었어요. 디자이너가 어떻게 높은 품질을 만들 수 있는지, 정말 엄격하게 배웠습니다. 그녀와 지냈던 '괴로웠던' 경험으로 여기까지 왔어요. (미소 지으며) 그녀의 완벽주의에 비교하면 무인양품은 미지근할 정도입니다.

재일한국인 정치학자 강상중 교수 역시 '나다움을 알고 자연스럽게 사는 것'을 '부족함을 알고 자족하는 것'이라고 했다. 하라 켄야가 도달하고자 하는 디자인 세상도 그와 비슷하다. 잘 우려낸 찻물처럼 개운하고, 잘 말린 이불처럼 산뜻한. 사물의 사물다움, 인간의 인간다움이 고요한 평원에서 만나 '이것으로 충분하다'고 합의할 때의 그 어른다운 선명함이란!

(2018년 3월)

그냥 받아들이세요,
날씨처럼

재독 화가 노은님

SY진©김주희

한국에선 여전히 차가운 단색화가 최고 경매가를 갱신하며 순항 중이고, 미국에선 제프 쿤스가 키치와 팝아트로 쇼비즈니스의 파워를 업그레이드하고 있다. 그래피티 화가 뱅크시는 파리에서 낙서로 난민의 메시지를 전한 후 행방이 묘연하고, 서울의 법정에선 조영남이 대작(代作) 혐의로 실형을 받고 항소 중이다.

예술이란 무엇인가? 돈과 메시지와 그림 노동의 진위가 엇갈려 소용돌이치는 미술계에서 '노은님'이라는 특별한 화가를 목격했다. 양주시립장욱진미술관의 〈심플〉 전시회에서였다.

노은님의 그림에는 원시적인 생명력이 흘러넘쳤다. 한 번의 붓질로 완성된 고독한 오리, 화염 같은 노을 속에 번뜩이는 검은 개, 태곳적 바다 생물, 고함치는 원숭이, 산으로 올라간 거북이, 나비가 되려는 인간⋯⋯. 누군가는 그것을 독일 표현주의의 절정이라 했고, 누군가는 그것을 수묵으로 그린 시라 했다. 언젠가 지구에서 잉태되었거나 퇴화하였을 그 사랑스러운 무명의 돌연변이들은 노은님의 화폭 속에서 제 생긴 대로 화평했다. 각자의 생명은 제 형상을 원망하지 않았고, 힘으로 충돌하지 않았고, 자연의 순환 앞에서 순하게 제 몫의 시간을 품었다. 개구쟁이 조물주가 빚어낸 세상은 이토록 천진난만해 '혹 내가 신의 실수로 태어난 게 아닌가' 불행해하는 현대인을 위로했다.

여전히 예술적 가임(可姙) 능력이 탁월한 일흔두 살의 화가 노은님을 추적했다. 한국인인 동시에 독일인인 노은님. 스물세 살에 파독 간호사로 고국을 떠났다 예술가의 DNA로 세계 미술계를 놀라게 한 운명의 여인.

노은님은 독일 서남부 헤센주의 미헬슈타트(Michelstadt)에 있었다. 미헬슈타트는 프랑크푸르트에서 자동차로 한 시간 거리에 있다. 노은님은 그곳의 천 년 넘은 고성에 딸린 300년 된 극장을 작업실로 개조해서 살고 있다. 매일 어떻게 놀까 궁리하며. 55세에 결혼한 쌍둥이 같은 남편과 함께. 남편 게리하르트 바치(Gerhard Bartsch)는 국립함부르크조형미술대학에서 30년, 노은님은 20년을 교수로 지내다 은퇴했다.

2018년 4월 양주시립장욱진미술관에서 시작한 전시 오프닝 행사를 위해 잠시 한국에 머물렀던 그녀를 간발의 차이로 놓쳐서 아쉬워하던 차. "지구가 한동네"라 전화번호를 묻고 물어 통화했다. 나는 폭염에 흐물거리는 오후 5시의 광화문에 있었고 그녀는 아침 9시의 미헬슈타트에 있었다. 커피 한 잔 마시고 게으름을 피우다 작업실에서 점 몇 개 찍고 왔다고 했다. 심지가 분명한 육성 사이로 간간이 청명한 웃음소리가 전화선을 타고 개울물처럼 흘러 들어왔다.

미헬슈타트는 어떤 곳인가요?

천 년이 넘은 고성이 있고 공주도 살아요. (웃음) 창문 열면 하얀 오리가 나만 쳐다보죠. 뒤 개울엔 숭어와 가재가 왔다갔다 해요. 밤이 되면 여우도 있고 아침엔 사슴을 만납니다. 온통 숲속, 숲속, 숲속에 짐승들이 이웃이죠.

한국에선 사람을 너무 많이 만나 피곤하다고 했다.

그림에 억압이 한 줌도 없습니다. 신기하더군요.

(놀라며) 어떻게 억지로 그려요? 그림도 인생도 억지로 해서 되는 게 없어요. 저절로 때가 되면 나옵니다. 작가는 그렇게 되는 거예요. 억지로 싸우다 보면 되는 게 없어. 싸운다는 건 버티는 거야. 그러면 빳빳해져. 부드러워져야 술술 풀리죠.

자연 속에 있으니까 그러시죠. 저 같은 도시인들은 '버티며' 겨우 하루하루 삽니다.

저도 하루아침에 된 게 아녜요. 고생하며 헤매고 살다 보니 가장 어렵고도 쉬운 게 '놓는 것'이라는 사실을 저절로 알게 된 거죠.

그녀에게 가장 많이 붙는 수식어는 "파독 간호보조원 출신의 세계적 화가"다. 1970년 스물세 살에 독일로 갔고 3년간 함부르크 항구 근처의 시립병원에서 뱃사람을 돌봤다. 고국에서나 독일에서나 제대로 된 미술 교육을 받아 본 적이 없었으나, 어느 날 병석에 누운 그녀를 찾아온 간호장이 침대 밑에 숨겨 둔 스케치북을 발견해 전시회를 열어 줬다.

스물여섯 살부터 인생 대반전이 시작됐다.

국립함부르크미술대학에 다니게 됐고, 요제프 보이스, 백남준 등 거장들과 〈평화를 위한 비엔날레〉(Biennale des Friedens, 1985)에 초대되고, 동양인 최초로 유럽의 국립미술대학(국립함부르크조형미술대학)의 교수가 됐다. 붉은 배경에 검은 개를 그린 〈해질 무렵의 동물〉은 카프카의 〈변신〉과 나란히 프랑스 중학교 문학 교과서에 수록되기도 했다. 그 유명한 함부르크 알토나 성요한니스 교회의 스테인드글라스, 서울 강남 LG타워의 유리벽화, 강원도 문막 오크밸리 교회의 스테인드글라스가 노은님의 작품이다.

스케치 없이 한번에 그려 내는 노은님은 "예술은 문이 열리는 순간 잠시 머물다 떠나는 손님 같다"고 했다.

스물세 살에 독일에 간호보조원으로 갔다가 유럽 화단의 독보적인 존재가 되셨어요. 선생에겐 옛날이야기지만 혼돈의 시대를 사는 한국인들에겐 여전히 극적인 반전 스토리입니다. 파독 광부와 간호사는 한국에선 아픈 과거로 이야기됩니다만.

괜한 오해는 말아요. 영화 〈국제시장〉에 나온 것처럼 광부와 간호사 들이 다 그렇게 비참한 생활을 하진 않았어요. 밤 근무를 하느라 힘이 들긴 했어도 다들 잘해 줬습니다. (웃음) 무엇보다 우리 집은 부잣집은 아니었지만 좋은 환경이었어요. 아버지가 동물과 아이들을 좋아해서 우리 집은 동물원 같고 고아원 같았어요. 집 주변엔 산과 개천이 많아 물고기 잡고 열매 따 먹으며 놀았죠. 아버지는 항상 호기심에 가득 차서 "이거 봐라, 저거 봐라" 하셨고, 하지 말라는 게 없었어요. "너희들은 나쁜 짓 안 할 애들이니 참견 안 하련다." 9남매에 다 그러셨어요. 억압 없이 자유롭게 컸습니다.

애들 기르고 동물 기르는 재미로 사셨던 아버지는 개집에 신문지 깔고 들어앉은 소녀 은님을 위해 전등을 달아 주고 커튼을 쳐 주었다.

그 안에서 개 한 마리와 비둘기를 데리고 살았죠. 물고기를 잡아 우물에 넣은 후 겁 없이 우물 벽을 타고 내려가 밥을 주고 오면, 어머니는 "물고기가 어떻게 물을 따라 여기까지 왔을까?" 의아해했어요. (웃음)

어쩌면 노은님의 예술적 DNA는 어린 시절의 환경에서 태동한 듯싶었다.

멋진 유년이 평생을 결정했군요.

맞습니다. 나는 그렇게 자유롭게 컸어요. 독일에 가기 전엔 포천에서 결핵관리요원으로 일을 했어요. 거기서도 일 끝나면 문맹 노인들을 가르쳤어요. 그러다 어느 날 신문에서 독일 간호사 모집 광고를 본 거죠.

"행복이 뭔가요? 배탈 났는데
화장실에 들어가면 행복하고
못 들어가면 불행해요.
막상 나오고 나면
아무것도 아니죠."

들어보면 그녀의 독일행은 대가족을 부양하기 위한 희생이라기보다 신세계로의 탈출에 가까웠다. 해외개발공사 가서 서류를 내고 3개월 만에 떠났다.

비행기 안에서도 '잘못 탔으니 내리라고 하면 어쩌나' 안 절부절못했답니다.

새로운 세계로의 엑소더스군요. 성격과 운명을 바꾸려면 낯선 곳으로 가야 한다는 말이 있습니다만, 갑작스러운 타지 생활에 어려움이 많았겠습니다.

아홉 명이 한 병원에 배속이 됐는데, 한동안 잠을 못 자고 밤마다 뛰어다녔어요. 유럽의 여름은 백야가 있어서 해가 지지 않는데, 우린 왜 밤이 안 오나 불안해서 헤매고 다닌 거죠. 나중에 간호장이 와서 암막 커튼을 쳐 줬을 때 깜짝 놀랐어요. 세상에 낮을 밤으로 바꾸는 이런 신기한 물건이 있다니. (웃음) 같이 모여 노래를 부르며 시름을 잊었는데, 그때 부른 노래가 "소나무야 소나무야 언제나 푸른 내 빛……"이었어요. 그런데 그 곡이 또 독일에서는 크리스마스 곡이라 한여름에 캐럴 부른다고 독일인들이 어쩌나 신기해들 하던지요. (웃음) 젊었으니 그렇게 저지르고 살 수 있었지요.

왜 어떤 사람에게는 비참할 법한 삶도 노은님에겐 크리스마스 동화처럼 다가오는 걸까? 간호장의 주선으로 병원 회의실에서 열린 전시회에서 그녀는 처음으로 그림을 팔았다. 그림값으로 받은 2천 마르크가 왠지 훔친 돈 같아 동생들 학비에 보태 쓰라고 한국으로 보냈다. 당시 받던 한 달 월급이 400마르크였다. 전시회 뉴스가 함부르크 지역 신문 1면에 났고, 칸딘스키와 파울 클레의 제자였던 한스 티만(Hans Thieman)이 스승을 자처했다. 파독 간호사는 3년 만에 세상에 없던 그림을 그리는 동양의 화가로 이름을 날리기 시작했다.

어떻게 그런 일이 벌어졌던 걸까요?

한국에선 불가능했을 거예요. 한국에서 배우질 않았기 때문에 본 대로 느낀 대로 그릴 수 있었지요. 독일에선 개성을 중요하게 봐 줬거든요.

국립함부르크미술대학에선 무엇을 배웠나요?

처음엔 잔뜩 주눅이 들어서 시작했어요. 티만 교수가 뭐가 하고 싶으냐고 해서 "전 그저 오라고 해서 왔어요. 뭘 할지 모르겠어요" 그랬죠. 아무도 날 안 쳐다봐서 착하게 보이는 학생 붙잡고 뭘 해야 하느냐고 물었죠. 그 학생이 주는 대로 연필 깎아서 새를 그리기 시작했어요. 다들 집에 가고 나면 혼자 남아서 그림을 그리고 쓰레기통에 버리고는 했어요. 그런데 어느 날 티만 교수가 그걸 발견해서 학생들에게 보여 줬어요. "30년 교수 생활하면서 이런 그림은 처음 본다"면서요. 지금도 전 학생들을 가르칠 때 그 순간을 생각해요. '왜 그분이 쓰레기통에서 내 그림을 꺼냈을까?'

왜 선생의 그림은 침대 밑에서도, 쓰레기통 속에서도 발견되는 걸까요?

하하하. 전 마냥 창피했어요. 내 그림은 유치원생이 그린 것 같아서 숨겨 놨었는데……. 다른 사람 것은 제대로 된 추상화고 내가 그린 건 아동화 같았어요. 그런데 티만 교수가 그러더군요. "걱정 마라. 네 그림은 진짜다. 다른 것은 건성이야." 독일에선 시험 볼 때도 개성을 중시했어요. 오히려 잘 그린 그림은 퇴짜를 놔요. 한국 미술대학에서 석고 데생 시험 치는 걸 이곳에선 이상하게 생각하죠.

기초 기술이 탄탄해야 한다는 생각 때문이겠지요.

과거엔 그랬지만 지금은 아니에요. 똑같은 상태를 재현하는 건 예술이 아니에요. 10년 내내 책상 다리를 네 개로 만들면 목수지만, 어느 순간 세 개를 붙이면 예술입니다. 개성이 생명이에요.

개성을 가르칠 순 없지 않습니까? 선생은 국립대학의 교수로 무엇을 가르쳤습니까?

저는 가르치지 않았어요. 볼 기회를 많이 줬습니다. 장님으로 살다 눈을 뜨면 얼마나 볼 게 많습니까. (웃음) 사시사철 변하는 자연과 살아 있는 생명을 느끼게 해 줬지요. 색채도 가르쳤지만 세상에 미운 색이 하나도 없다는 사실도 알려 줬어요. 밉게 보인다면 그건 그 옆에 어떤 색이 모자라서죠. 흰색과 검은색조차 그 안에 얼마나 다양한 색이 있는지 모릅니다. 수많은 색이 섞여 비단처럼 검은색이 되고 흰 장미 한 송이에도 온갖 색이 다 깃들어 있지요. 겉으로는 안 보여요. 들여다봐야 보이지요.

학생들이 잘 따라오던가요?
학생들 데리고 모래사장이나 개펄에 가요. 붓 말고 조개 조각이나 나뭇가지를 주워서 마음껏 그리라고 해요. 코딱지만 한 붓 쥐고 좁은 캔버스에 갇히지 말고 넓은 데서 마음껏 그리라고요. 얼마나 즐거워들하는지 몰라요. 의무적으로 와 있는 아이들은 저도 간섭 안 해요. (웃음) 본대로 느낀 대로 계획 없이 즉흥적으로 하라는 거죠.

즉흥적이라······ 선생의 인생과 닮았군요. 설계대로 살고자 하는 보통 사람에겐 두려운 일입니다.
충분히 보고 느껴야 즉흥적으로 나옵니다. 먹은 대로 싸는 것과 같은 원리죠. (웃음)

그런 면에서 백남준 선생과 깊이 통했던 것으로 압니다.
백남준 선생은 적어도 50년은 앞서서 사는 분이었어요. 독일 미술 관계자가 그러더군요. 당대를 사는 남자 중 가장 지혜로운 사람이었다고. 제가 다니던 국립함부르크 미술대학 초대교수로 계실 때 〈평화를 위한 비엔날레〉에 함께 참여했어요. 요제프 보이스가 아파서 못 온다고 하니 피아노 위에 전화기를 놓고 불러내서 음성 퍼포먼스를 하시더군요. 머리가 정말 좋았어요.

50년 전 신문에 난 파독 간호보조원 모집 공고를 보고 한국을 떠났던 노은님. 지금은 세상에 없던 그림을 그리는 독일 미술계 거장이 됐다. 그는 동양인 최초로 유럽의 국립미술대학의 교수가 되었고, 그의 그림은 카프카의 〈변신〉과 나란히 프랑스 중학교 문학 교과서에 수록되기도 했다.

즉흥성도 구구단처럼 몸에 익어야 나오는 법이지요. (웃음)

그분은 나름의 비전이 있었지요. 한번은 카셀 도큐먼트 TV 생중계에서 양말을 싹둑 자르는 모습을 봤어요. 다음 날 아내인 구보타 시게코 여사와 함께 제 기숙사로 오셨는데 잘린 양말을 그대로 신고 계셨어요. TV에서 봤다고 하니 "밥을 위해서 무슨 짓인들 못 합니까?" 하며 웃으시더군요. 쇼맨십도 지혜도 충만한 분이었어요.

한국 예술가의 존재가 미미했던 1980년대, 타지에서 거칠 것 없이 살았던 두 예술가의 만남에 잠시 가슴이 벅차올랐다. 이미 세계적인 아티스트였던 백남준은 노은님을 예술적 동지로 품었다. 뉴욕과 파리 사이에서 고민하던 그녀에게 "뉴욕 작가들은 철새와 같으니 유럽에서 활동하라"고 조언했고 독일 미술계 인사들에게 노은님의 존재를 적극적으로 소개했다. 그녀가 아직도 못 잊는 일화 하나.

함부르크는 겨울이 길어요. 공항까지 미끄러운 길을 운전해서 모셔다 드린 적이 있어요. 과속을 했더니 "제발 천천히 가요. 노은님 씨랑 나랑 죽으면 한국 미술사에 큰 손해야" 하셔서 한참 웃었습니다.

적재적소에서 참 좋은 사람들을 많이 만났습니다.

그렇지요? (웃음) 묘하게도 그림 들고 나가서 "나 누구예요" 한 적이 없어요. 제 그림은, 뭐랄까. 지나갔다가도 다

시 와서 확인하게 되는 그림이라고 그러더군요. 어디 영
화 배경에 나와도 표가 나게 특이하다나요.

**수많은 생명체를 그리셨어요. 어떤 형태가 몸속에서 꼬
물꼬물 태동하다가 마침내 선생의 손끝을 뚫고 나오는
것 같습니다. 혹시 아이를 낳는 느낌인가요?**
출산이라면 순산도 있고 난산도 있을 텐데, 전 난산은 없
어요. 제일 쉽게 나오는 게 그림인걸요. (쾌활하게) 전 붓
가는 대로 마음대로 그려요. 그런데 아픈 순간은 전혀 없
어요. 저절로 되는 거예요.

**좀 기운이 빠집니다. 이를테면 창작의 고통, 그런 게 없
다는 말씀이세요?**
하하하. 그만큼 고생을 했어요. 이젠 가벼워진 거죠. 화가
는 이를테면 어부와 같아요. 그물이 찢어지게 잡는 날도
있고 빈 그물로 돌아오는 날도 있지요. 계획도 없고 보장
도 없는 거예요. 즉흥적으로 그려서 쉬운 것 같아도 서너
번은 뒤집어요. 빈대떡 부치듯이요. (웃음)

동영상으로 그녀가 작업하는 풍경을 보았다. 여기저기 널린
커다란 한지, 큰 붓과 빗자루를 들고 경계 없이 오가는 모습은
성스러운 청소부 같기도 하고 물감 난장 치는 어린아이 같기도
했다.

인생 고생이라면 어떤 부분이 그리 고통스럽던가요?

여자 혼자 외국에서 뿌리내리는 게 쉬운 일이 아니었어요. 온종일 걸어도 아무도 내게 말 걸지 않는 날이 많았어요. 어린애 취급도 많이 받았어요. '내가 누구인가?' '내가 있는 땅이 어딘가?' 그런 질문을 많이 했어요. '다른 사람은 남자도 있고 돈도 있는데 나는 왜 하나도 가진 게 없나.' (한숨) 병원 일도 하기 싫어서 사는 게 꼭 벌받는 것 같았지요. 더 무시무시한 건 자고 일어나도 같은 날이 반복된다는 거예요.

벌받는 것 같던 마음을 다스리기 쉽지 않았을 텐데요.
결론은 '나는 내가 누군지 모른다'는 거죠. 그리고 '벌받고 사는 게 언젠가는 그림으로 나올 거다, 그게 작품의 힘으로 나올 거다'라는 거죠. 지금 가볍게 그리는 건 그때 벌을 잘 받아서죠.

고향은 어디라고 느낍니까?
언니 한 사람 빼고는 형제들이 모두 외국에 살아요. 그래서 제가 집에 간다 그러면 미국이에요. 제 남편은 독일인이지만 남미에 집이 있죠. 방학이면 우리는 아프리카를 돌아다녔어요. 저한텐 지구가 한동네예요. 지구는 돌고 저는 우주 속에 산다고 느낍니다. 세계 여러 나라의 오래된 미술관을 다니며 고대인들이 남긴 벽화와 토기를 보면 깜짝 놀라요. 살아남은 흔적들이 어찌 그리 똑같은지. 그래서 제 그림의 형상은 점점 더 단순해지고 원시적으로 돼요. 본 만큼 겪은 만큼 느낀 만큼 나와요. 세상에 공짜는 없습니다.

적게 먹으면 작은 똥 싸고 많이 먹으면 굵은 똥 싸는 거라고,
그녀가 호탕하게 웃었다.
노은님이 처음 그림을 그린 건 어머니 때문이었다. 독일로 가기
전, 9남매를 낳고 마흔둘에 돌아가신 엄마 사진을 들고 초상화를
그려 주는 화실을 찾아갔다. 초상화료가 너무 비싸 그리는 법을
가르쳐 달라고 했다. 확대경 놓고 땀구멍만 베끼기에 세 번 만에
그만뒀다. 비싼 물감이 아까워 독일에서도 심심하면 끄적거리던
게 지금의 그림이 됐다.

가끔 어머니 생각을 합니까?
어머니가 그러셨어요. 머리 검은 모든 짐승은 고난을 안
고 사니 사람을 존중해야 한다고. 더 오래 사셨으면 다정
하게 지냈을 텐데…… 제게 예술적 자원을 주고 가셨습
니다.

남편은 어떤 분이지요?
학교에서 만났어요. 미술사와 철학을 가르쳤어요. 남편
이 30년, 제가 20년 같이 교직생활을 했지요. 55세에 결
혼했어요. 저보다 더 장난꾸러기죠. 작업실에서도 제 자
리 뺏어서 아무 데서나 그림을 그립니다. 남자는 아기와
같아서 저는 왕아기를 모시고 살아요. (웃음)

종교는 없습니까?

"매일매일 벌어지는
좋은 일도, 안 좋은 일도
수고스럽겠지만 그냥 받아들이세요.
날씨처럼요."

없습니다. 사람들이 종교를 찾는 이유는 내가 자연의 흐름 안에서 소멸한다는 사실이 무서워서죠.

여백을 남기면 아시아의 그림, 여백을 칠하면 유럽의 그림이 된다고 하셨어요. 독일 표현주의의 색면과 동양의 선이 한 작가의 세계에 공존하는 게 저는 여전히 흥미롭습니다.

놀랄 거 없어요. 섞어야 그림이 되죠. 독일도 기독교 나라지만 이제 교회는 텅텅 비고 부처 장식이 인기지요. 종교세 내는 게 아까워서 교회도 빠져요. 부처는 서양에 와 있고 예수는 동양에 가 있는 셈입니다.

다큐멘터리 필름에서 "나는 자연 안의 나뭇잎 같은 존재다"라는 말을 했지요. 나는 우연의 산물이고, 내가 없어도 자연은 순환한다고요. 그 뒷말이 걸작이더군요. "뭔가 찾을 필요도 없다. 잃어버린 것이 없으니까." 어떻게 그 정도로 가벼워질 수 있나요?

사는 게 금방이잖아요. (웃음) 나는 정말 나뭇잎 하나하나가 세상 사람들처럼 느껴져요. 때가 되면 없어졌다가 봄이 되면 새순이 돋아나듯. 일전에 한 어린이가 하느님께 하는 질문을 읽은 적이 있어요. "유명한 사람들은 다 TV에 나오는데 하느님은 왜 안 나와요?" "하느님이 만든 동물, 식물은 다 봤는데 왜 더 새로 만들지는 않으세요?" 나도 그 비슷한 생각으로 살아요. 언젠가 지구에 살다 없어졌거나 다시 나타날 수도 있는 생물을 내 식으로

막 그리면서요. (웃음)

우주의 정원사로 사는 게 행복한가요?

행복이 뭔가요? 배탈 났는데 화장실에 들어가면 행복하고 못 들어가면 불행해요. 막상 나오고 나면 아무것도 아니죠. 행복은 지나가는 감정이에요.

그렇다면 어떤 감정이 중요한가요?

편안함과 감사함이죠. 눈떴는데 아직도 하루가 있으면 감사한 거예요. 어떤 일이든 있는 그대로 받아들이면 편한 세상이 돼요. 매일매일 벌어지는 좋은 일도 안 좋은 일도 수고스럽겠지만 그냥 받아들이세요. 날씨처럼요. 비 오고 바람 분다고 슬퍼하지 말고 해가 뜨겁다고 화내지 말고. (웃음)

만약 20대 때 독일인 간호장이 선생의 그림을 발견하지 못했다면 인생이 달라졌을까요?

하하하. 그 사건과 크게 연관 짓지 않아요. 어찌 들릴지 모르겠지만 나는 지금처럼 살라고 태어난 사람이에요. 요제프 보이스가 그랬어요. 아이들을 위해 감자를 깎으면서 내가 지금 하는 게 조각이 아니고 뭐냐고요. (웃음)

오래 괴로워하면 열의는 사라지고 괴로움만 남지요. 하지만 막상 붓을 던지려 할 때 불쑥 형상이 나와요. 그게 물고기도 되고 새도 됩니다.

바람 불듯 훌훌한 말투로 노은님이 말했다. 문득 인터넷 블로그에서 본 노은님에 대한 일화가 생각났다. 전시회 보러 시골에서 새벽 첫차 타고 딸아이와 갔더니 노은님 화가가 직원들 몰래 그림을 신문지에 싸서 주더라고. 갖고 싶어도 너무 비싸 울상 짓던 차에 놀라운 선물을 받았다고. 노은님이 대수롭지 않게 말했다. "너무 멀리서 전시회를 해서 모녀를 고생시켰잖아. 내가 뭐라고……."

천사 미카엘의 도시, 미헬슈타트의 고성 옆 300년 된 극장에 노은님이 산다. 일흔두 살의 개구쟁이는 가끔 파티를 열어 이웃을 초대한다. 그 파티엔 공주도 시장도 사장도 오고 동네 약사와 골프장 캐디, 이주노동자도 온다. 앞마당의 오리와 뒷산의 여우, 사슴과 멧돼지가 왔다 해도 어색하지 않을 것이다.

최근 독일의 시립미헬슈타트미술관은 '우주의 정원사'로 불리는 이 표현주의의 거장을 위해 영구 전시실(2019년 11월 개관 예정)을 만들기로 결정했다.

(2018년 7월)

세계적인 화가로 화폭 위를 노는 거장 노은님보다 '사는 게 벌받는 것 같았다'던 젊은 날의 노은님에게 몸과 맘을 겹쳐 보는 건 비단 나뿐만이 아니리라. 그러나 안심하시라. 벌받아 뻣뻣해진 그 두 팔로 만세를 부를 날도 온다. 그녀에 의하면 그림도 인생도 억지로 되는 법이 없다. 비대해진 자아로 일희일비할 때면, 잠시 숨을 고르고 거리로 나가 하늘 향해 두 팔 벌린 나무 한 그루를 쳐다본다. 나뭇잎 한

개를 가만히 쓰다듬어 본다. "나는 자연 안의 나뭇잎 같은
존재다"라는 노은님의 웃음 섞인 속삭임을 떠올려 본다.
그러면 잠시나마 사는 게 무쇠솥 단지를 등에 지고 가는
게 아니라, 바람 구두를 신고 스윽 지나가는 것처럼 가볍게
느껴지는 것이다.

기업가이자 목회자 하형록

내가 희생하는 순간, 사람들이 변합니다

기독교의 핵심은 간단하다. '하나님을 사랑하고, 네 이웃을 사랑하라!' 그런데 이것만큼 어려운 명령도 없다. 그렇다면 이건 어떤가. '하나님을 사랑한다면, 네 이웃을 사랑하라.' 단순 병렬에서 필연적 증명으로 바뀐 이 문장은 기독교도라면 존재를 뒤흔들 만큼 무서운 명령이며, 비기독교인의 입장에서는 기독교도의 위선을 조롱하기에 딱 좋은 가정이다.

전도유망한 한 남자가 있었다. 명문 펜실베이니아 대학 건축학과를 졸업한 청년은 유명 건축설계 회사의 중역이었으며, 아내와 어린 두 딸도 있었다. 1991년 가을, 뉴욕으로 가는 고속도로 위에서 그 남자는 갑자기 의식을 잃고 쓰러졌다. 심장이 비정상적으로 빠르게 뛰다 호흡곤란으로 쓰러지는 심실빈맥증이었다. 필라델피아 한인사회의 자랑이었던 서른두 살의 사내는 그날 이후로 천국에서 지옥으로 내동댕이쳐졌다.

2년 뒤. 심장 이식을 기다리던 그에게 꼭 맞는 심장이 나타났다. 이제 다시 천국으로 사뿐히 발을 옮기면 될 터였다. 그런데 그는 자기 몫으로 온 심장을 옆방의 여성에게 양보했다. 건축설계 회사 팀하스(TimHaahs)의 하형록 회장의 이야기다.

그는 성공한 기업인인 동시에 목사다. 이익을 좇는 기업가와 은혜를 좇는 목회자가 어떻게 한 사람 안에 양립할 수 있을까? 그는 페이버(favor)로 그 원리를 설명했다. 자기희생을 바탕으로 한 이웃 사랑이 페이버의 핵심이었다. 내가 페이버를 행하면 신이 그 희생을 기억하고 축복을 부어 준다는 것.

'우리는 이웃을 돕기 위해 존재한다'는 경영철학으로 미국 동부 최고의 건축설계 회사가 된 팀하스 하형록 회장을 만났다. 큰 키에 다부진 체격으로, 기업인보다는 배우처럼 보였다.

지금 심장은 어떻습니까?

심장에 연결된 두 개의 혈관이 막혔어요. 한 개는 완전히 막혀서 어쩔 수 없고 다른 하나는 스텐트를 넣어서 확장해 보려고 하는 중이에요. 더 좋아질 수도, 나빠질 수도 있어요. 지금의 내 삶은 보너스라고 생각하고 있어요.

인터뷰 자리에는 하형록의 아내가 동행했다. 자신의 책 《페이버》에서 그는 아내를 자신이 사랑해야 할 첫 번째 이웃이라고 표현했다. 심장병으로 사경을 헤맬 때도 아내에게 닥칠 불행을 생각하면 미안해서 딱 죽고만 싶었다던 그였다. 문득 남편이 심장을 다른 여성에게 양보했을 때, 아내의 마음은 어땠을까 궁금했다.

"서운하지 않으셨어요?" 흐르는 개울물처럼 훌훌한 말투로 아내 제니스가 대답했다. "가장 갈급한 사람이 이인데…… 본인이 마음을 딱 정했는데, 내가 뭐라고 말을 더 보태요." 아내의 손에 자신의 손을 얹으며 하형록이 말을 이었다. "만약 아내가 그런 결정을 했으면 나도 말렸을 거예요. 그래서 내 가족이 더 이상 번민에 빠지지 않도록 3초 만에 결정하고 심장을 보내 버린 거예요." 똑딱 똑딱 똑딱. 그 3초 사이에 대체 이 우주에 무슨 일이 벌어진 걸까?

왜 3초였죠?

의사가 말을 마치고 병실 문으로 나가는 사이가 딱 그 시간이었어요. 그전에 의사가 나름 제 행운을 축하해 주려고 안 해도 될 말을 한 거예요. "옆방에 있는 여자는 이틀

이면 죽어요. 그녀가 기다리는 심장이 당신 것과 똑같아
요." 내가 크게 놀라자 당황해서 그러더군요. "팀! 이 심
장은 당신 거예요. 당신 차례가 맞아요. 우리가 안 뺏어
가요. 당장 수술합시다! 어서 가족에게 전화해요." 황급
히 나가던 그를 제가 "선생님!" 하고 불렀어요.

23년 전 그날도 병동의 환자들은 심장을 받지 못해 일주일에 한
명꼴로 죽어 나갔다. 함께 식사할 때면 다들 '우리 가운데 누가
살아남을까' 하는 눈빛이었다. 심장을 기다리는 다른 사람의
존재는, 그 자체만으로도 위협이자 장애물이었다.

대체 무슨 생각을 한 겁니까?
어떤 결정을 한 건 아니었어요. 그냥 "그 여자가 확실히
죽나요?" "나는 며칠을 더 살 수 있나요?" 라고 물었어요.
여자는 곧 죽고 나는 일주일, 길면 3주 정도를 더 살 수
있다고 하더군요. 그래서 말했습니다. "이 심장을 그 여
자에게 주세요."

맙소사! 의사가 동의했나요?
아니요. 절대 그럴 수 없다고 하더군요. 그 결정은 당신
이 아닌 아내가 해야 한다고.

어떤 마음이었나요?
하나님이 나를 시험한다는 생각은 안 했어요. 혹시 마귀
가 나를 시험하나? 그런데 내가 심장을 기다리며 5개월

"착한 일은 눈물까지는 안 나요,
희생해야 눈물이 나는 거예요."

동안 한 기도가 하나님이 나를 살려 주시면 내 남은 생을 이웃을 위해 살겠다는 내용이었어요. 아내와도 그렇게 약속을 하고 사업 준비도 했고요.

결국 의사는 하형록을 이기지 못했고 심장은 한 시간 만에 교통사고로 입원한 옆방의 여인에게 갔다.

죽을지도 모른다는 생각을 했나요?

적합한 심장을 받지 못하면 죽을 가능성이 95퍼센트라는 걸 알고 있었어요.

정확히 일주일 뒤, 하형록은 호흡곤란으로 혼수상태에 빠졌다. "팀은 아직 살아 있어?" 의사들은 출근하면 가장 먼저 그의 생사를 확인했다. 죽음을 눈앞에 둔 한 환자가 심장을 양보했다는 이야기가 퍼지면서 불평과 큰소리가 들끓던 응급 병동의 직원과 환자 들이 서로를 배려하기 시작했다.
한 달쯤 되었을 때, 기적적으로 그에게 맞는 또 하나의 심장이 나타났다. 하형록은 건강한 몸으로 집에 돌아왔다. 그리고 그때부터 그의 인생은 새롭게 시작되었다. 하형록은 그 삶을 페이버의 삶이라고 정의했다.

페이버가 무엇인가요?

기독교에서는 페이버를 '은혜', '자비' 등과 혼용해서 써요. 그런데 은혜(grace)는 우리가 받을 수 없는 은총을 받는 것이고, 자비(mercy)는 우리가 마땅히 받아야 할 벌을 받지 않는 것이에요. 페이버는 달라요. 우리 말의 '정'이나 '호의'와 비슷한데, 정확히는 자기를 희생해서 이웃을 돕는 거예요.

각박한 세상을 살다 보면 이웃 사랑만큼 어려운 일이 없습니다.

(빙그레 웃으며) 나도 그랬어요. 이웃을 해치지만 않으면 충분하다고 생각했죠.

다소 속물적이지만 희생한 만큼 보답받는다는 보장이 있나요? 계속 희생만 해야 한다면 기운 빠지는 일인데요.

《구약성경》의 〈시편〉에 보면 페이버에 관한 구절이 자주 등장합니다. 핵심은 예전에 내가 한 희생을 낱낱이 아뢰고 내 희생이 주님 보시기에 좋았으면, 이제는 나를 불쌍히 여겨 나에게도 당신의 '페이버'를 보여 달라고 요청하는 거죠. 그런데 여기서 예수의 공식이 있어요. 희생이 있어야 부활이 있는 것처럼, 반드시 나의 마음, 노력, 시간, 돈 등의 분명한 희생이 있어야 한다는 겁니다.

희생이 꼭 있어야 한다?

희생이 없으면 착한 일에 불과해요. 그냥 착한 일은 보통 사람이 다 하는 거예요. 희생이 있어야 감동을 줘요. 착한 일은 눈물이 안 나요. 희생해야 눈물이 나는 거예요.

"이웃을 사랑한다는 건 내가 주고 싶은 것을 주는 게 아니라 그들에게 필요한 것을 주는 것"이라고 그가 자상하게 부연했다. 사소한 착한 일도 힘에 겨운 나로서는, 너무나 아득한 이야기였다. 할 수만 있다면 페이버의 대가로 차용증이라도 받아두고 싶었다.

그래서 선생은 어떤 페이버를 되받았습니까?

퇴원한 지 얼마 안 돼서였어요. 2년여의 투병으로 돈이 바닥났어요. 4인 가족 생활비도 없어서 딸아이는 밑창이 구멍 뚫린 운동화를 신고 다녔죠. 가장 큰 문제는 약값이었어요.

한 달 약값만 무려 170만 원. 돈이 없는 그는 다른 심장병 환자들을 찾아다니며 약을 구걸해서 먹었다. 그러던 어느 날 이웃집 린다와 데이비드 부부가 찾아왔다. 그들이 내민 봉투 안에는 2만 달러의 돈이 들어 있었다.

약을 사서 먹으라더군요. 직장에서 받은 보너스라고 하면서요. 그런데 데이비드는 작은 엔지니어링 회사의 사원이고 린다도 부잣집 청소부 일을 하고 있었어요. 그 돈은 그들이 집 고치려고 한 푼 두 푼 모아 둔 전 재산이었어요. 그 돈을 우리가 단지 이웃에 살고 있다는 이유만으로 준 거죠. 더욱 놀랍게도 그 부부는 나중에 우리가 돈을 갚으러 찾아갔을 때도 받지 않았어요.

왜죠?

린다가 그러더군요. "우리는 당신의 은행이 아니라 당신의 친구예요." 린다는 여전히 청소 일을 하고 있었어요. 그 돈을 갚고 싶으면 다른 사람을 도와 달라더군요.

이웃 린다는 영어로 정확히 "We want to be a part of your suffering"이라고 말했다. "우리는 당신 가족의 고통에 동참하고 싶었어요. 그래서 이 돈을 받을 수 없어요"라고. 그들은 유대인이다. 여전히 하형록의 이웃으로 지금도 평범하게 아이들을 키우며 산다.
심장이식 수술을 받은 뒤 하형록은 아내와 함께 약속대로 새로운 비즈니스를 시작했다. 비록 차고에 차린 회사지만 아침 8시면 깨끗한 와이셔츠를 입고 출근했다. 그리고 몇 달 만에 미국에서 두 번째로 큰 신용카드 회사인 MBNA의 신축 사옥 공사 감리를 의뢰받았다.
클라이언트를 처음 만난 자리에서 그는 솔직하게 상태를 털어놓았다. 이웃을 돕기 위해 세운 회사지만, 사실 자신은 언제 죽을지도 모르는 심장이식 환자라 만일을 대비해 실무는 자신이 아닌 직원이 맡게 될 것이라고.
MBNA는 그 사실을 알고도 첫 번째 건물을 그에게 맡겼고 이어서 진행될 네 개의 본사 건물설계 프로젝트도 팀하스에 의뢰했다. 알고 보니 그 뒤에는 로저 크로지어라는 부사장이 있었다. 그는 왜 엄청난 리스크를 감당하고 하형록에게 이런 페이버를 베풀었을까?

나중에 크로지어 부사장의 비서를 통해 전해 들었어요.

"저는 부자들을 만날 때보다
어려운 사람들과 있는 게
훨씬 편했어요.
가진 사람들은 대화하면서
자꾸만 자기 위치를 확인하려고
들거든요."

나를 만났을 때 그는 이미 암으로 2년의 시한부 선고를 받은 상태였어요.

훗날 부고 소식과 함께 전해진 그의 유언은 하형록의 가슴을 더욱 울렸다.

> "내가 죽은 뒤에도 그 사람을 통해서 살고 싶습니다 (I want to live through him). 그러니 내가 죽은 후에도 그가 성공하도록 꼭 도와주세요."

죽음의 문턱에서 겨우 살아난 당신이 시한부 인생을 선고받은 대기업의 부사장을 만나 도움을 받았다는 얘기는 믿을 수 없을 만큼 드라마틱합니다.

(미소 지으며) 희생이 없으면 드라마도 없어요. 컴퓨터 한 대 놓고 차고에서 시작한 제 회사는 그 이후로 업계의 신임을 얻었어요. 플로리다 디즈니 스프링스 등 수많은 프로젝트를 맡아서 글로벌 건축설계 기업으로 성장했지요. 저는 제가 살면서 받은 페이버를 잊지 않으려고 회사 복도에 은인들의 프로젝트를 붙여 놓았어요.

그의 이름을 딴 팀하스는 미국 건축계의 권위 있는 상을 휩쓸며 얼마 전 청년들이 일하고 싶은 100대 기업으로 선정되었다. 오바마 전 대통령은 그를 미국 국립건축과학원의 종신직 이사로 임명했다. '우리는 이웃을 돕기 위해 존재한다'는 기업정신과 도시 재생에 앞장선 주차빌딩 설계의 공로를 인정받은 결과였다.

그는 이민자 최고의 영예인 엘리스 아일랜드 상(Ellis Island Medal of Honor) 수상자이기도 하다. 그 상은 지미 카터, 로널드 레이건, 빌 클린턴 등 유명 정치가와 사회공헌가 들이 받은 상이다.

그런데 성공한 기업인이면서 동시에 목사라는 포지션이 한국 정서로는 잘 이해가 되지 않습니다.

한국 장로교 마인드로는 이해가 안 될 거예요. 한국에선 '모든 것을 부인하고 나를 따르라'는 성경 구절대로 현직을 버리고 신학교 가서 목회자가 되는 게 관례지요. 미국에선 달라요. 침례교 목사는 신학교 졸업장에 대한 욕심도, 의무도 없어요. 중요한 건 '성령'이 임재하는냐죠. 목사는 리더이고 그래서 성도가 투표로 목사를 세워요. 흑인 침례교회는 13세, 14세도 설교를 하고, 자연스럽게 사회지도자가 되죠.

요즘 한국 사회에선 개신교회와 목사를 보는 눈초리가 따가워요. 불의한 사건들로 입에 오르내리는 일이 많습니다. 왜 이런 상황이 됐다고 보십니까?

글쎄요…… 대형 교회 목사님들이 하나님 보시기에 좋은 삶을 살고 있는지 겸허하게 돌아봐야겠지요.

목사들도 페이버가 쉽지 않다는 거네요.

한국 사회가 아무래도 페이버에 아직 익숙지 않은 것 같아요.

은혜와 자비를 유행어처럼 달고 사는 종교인뿐이랴. 사실 스스로를 지키는 것도 버거워 온몸이 굳어진 '생존 사회'에 그가 말하는 조건 없는 호의는 신문 사회면에서나 볼 수 있을 만큼 희귀해졌다. 그에게 페이버를 기브 앤드 테이크(give & take)의 관점에서 설명해 달라고 했다. 호의를 베풀면 받는다는 막연한 믿음보다 수학적인 가늠이 필요했다.

우문이지만 페이버는 수학입니까? 신학입니까?

(빙그레 웃으며) 페이버를 주느냐 마느냐는 전적으로 하나님 마음이에요. 다행히도 그 마음을 우리가 헤아려 볼 수가 있어요. 아이가 둘 있다고 쳐요. 첫째는 마음이 착하고 둘째는 매사 비뚤게 행동해요. 부모는 누굴 더 사랑할까요?

둘 다죠.

맞아요. 사랑받는 건 자식의 특권, 그러니까 은혜(grace)예요. 그럼 누굴 더 페이버할까요? 그건 부모 마음이에요. 둘 다에게 페이버를 줄 수도 있고, 한 사람에게만 줄 수도 있어요.

그는 유산상속을 예로 들었다.

외국에서는 자식이 부모 재산 물려받는 게 한국처럼 당연하지 않아요. 가령 가족 중에 암 수술을 받은 환자가 있다면 부모는 재산을 암 환자 재단에 기부해요. 자식이 그

중 얼마라도 나에게 오겠지, 라고 기대한다면 그건 내가 부모에게 잘한 게 있을 때죠. 부모의 '페이버'를 받기 위해 잘 보이려고, 기쁘게 해 드리려고 노력한 증거가 있을 때예요.

'하나님 보시기에 좋았더라'는 페이버의 원리예요. 페이버는 당연히 받는 게 아니라, 나의 노력이 있어야 해요. 설사 유산을 받기 위해 부모에게 순종한다 해도 그런 과정을 통해 사회의 질서가 잡혀가는 거죠. 그래서 미국에서는 아무리 사이가 나빠도 추수감사절에는 자식이 부모 집을 찾아와요. 잘 보여야 하니까요. (웃음)

슬며시 웃음이 나왔다. '하나님 보시기에 좋았더라'가 인간사회에도 적용된다는 것. 신에게 잘 보이려는 노력이 곧 이웃 사랑이라는 논리였다.

그래도 섭섭할 때가 있지 않나요?
인간인지라, 당연히 그렇죠. 하지만 언젠가는 반드시 보답이 온다고 믿어요. 다만 그 시기가 문제인데요. 예수는 3일 만에 왔죠(3일 만의 부활을 의미한다). 그런데 3일이 30년이 될 때도 있어요. 저는 23년 만에도 왔는걸요. 일례로 제가 첫 번째 심장을 양보하고 받은 심장은 알코올 중독자의 심장이었어요. 이식용으로 적합하지 않은 심장이었지만 저는 그것을 받아 6년을 살았어요.

6년 후 다시 발작을 일으켰을 때 다행히 10대 소년의 튼튼한 심장을 받을 수 있었어요. 당시에 의사가 그러더

하형록

자신의 몫이었던 심장을 양보한 뒤 하형록 회장의 삶 곳곳에 기적이
피어났다. 형편이 넉넉지 않은 이웃이 선뜻 큰돈을 내주었고, 대기업
간부의 유언으로 큰 프로젝트가 성사되었다. 그런 그가 사람들에게
전하고자 하는 정신이 바로 페이버다.

군요. 두 번의 이식 기회를 다 썼기 때문에 앞으로 또 문제가 생기면 끝이라고. 그런데 최근에 심장에 연결된 혈관 두 개가 막힌 거예요. 마땅히 죽음을 받아들여야 할 때 의외의 소식이 전해졌어요. 그사이에 의료법이 바뀐 거예요. 내가 받은 첫 번째 심장이 알코올 중독자의 것이라 부적격으로 카운트에서 제외되었고, 결과적으로 한 개의 심장이 더 남았다는 거죠.

기적이군요.
기적이지요. 그리고 저는 인생을 통틀어 어마어마한 축복을 많이 받았습니다.

하형록은 초등학교 6학년 때까지 부산 용호동에서 살았다. 그의 부모는 그곳에서 한센병 환자를 섬기며 14년간 목회를 꾸렸다. 그와 형은 매일 먼 길을 걸어서 학교에 다녀야 했다. 오가는 길에 마을을 지날 때면 아이들은 '문둥이 대장'이라고 놀리며 하형록 형제에게 돌을 던지곤 했다.

어린 시절의 경험이 인생에서 어떤 영향을 미쳤습니까?
(미소 지으며) 1990년도에 첫 아이 낳고 그곳에 다시 한 번 가 봤어요. 그 동네에서 바라보면 오륙도가 다 보여요. 열두 살에 떠나 서른두 살에 돌아왔는데 저를 알아본 한 어른이 "형록아, 니 왔나?" 하면서 반겨 주셨어요. 미국 떠나기 전 아버지가 동네 어른들께 인사드리고 오라고 해서 갔을 때도, 그분들이 손으로 직접 무쳐 주신 나

물과 밥을 다 먹었어요. 한센병은 피와 고름으로 접촉하기 전엔 옮지 않거든요.

어릴 때부터 코와 입이 뭉개지고 얼굴이 찌그러진 사람을 보통 사람처럼 보고 자라서 그런지, 저는 부자들을 만날 때보다 어려운 사람들과 있는 게 훨씬 편했어요. 가진 사람들은 대화하면서 자꾸만 자기 위치를 확인하려고 들거든요. (웃음)

신기하게도, 어릴 때 아이들이 제게 던진 돌이 훗날 제게 좋은 거름이 됐어요. 그 아이들은 그냥 작은 돌멩이가 아니라 엄청나게 큰 돌을 던졌어요. 그 아이들도 무서워서 잡히는 대로 돌을 던지고 저는 저대로 살려고 머리를 감싸고 전력 질주를 했죠. 그런데 그 경험으로 맷집이 생겼고, 누가 나를 공격해도 웬만하면 다 감당이 됐어요.

미국에선 좀 나아졌나요?

미국에 갔을 때가 1969년인데, 1968년에 마틴 루서 킹 목사가 암살됐어요. 아버지가 다닌 신학교가 필라델피아의 백인들 사는 곳에 있어, 저는 백인들만 있는 중학교에 갔어요. 인종차별이 얼마나 심했던지, 저는 한번도 제 이름으로 불린 적이 없어요. 'back to china'가 이름이었어요. 그런데 그 놀림이 아무렇지도 않았어요. 한국에서 이미 다 훈련이 됐던 거죠. (웃음) 그 뒤로 더 담대하게 나아갈 수 있었어요.

회사를 경영하면서 부딪히는 현실적 어려움 앞에서도 담

대할 수 있었나요?

2009년경에 아주 힘든 시기가 있었어요. 마이애미 야구장 주차빌딩 공사에서 주차 기둥에 금이 가는 하자가 생긴 거죠. 고객의 무리한 설계 변경으로 생긴 문제였지만, 어쨌든 절체절명의 위기였습니다. 심장이 멎을 만큼 힘든 순간이었어요. 그때 저는 고객과 여러 파트너 회사들의 잘못을 들춰내지 않기로 했어요. 각 회사의 보험사와 변호사가 법정 공방을 벌이면 모두가 고통받고 원수가 될 상황이었어요.

책임을 묻기 위해 관련자가 모두 모인 자리에서 그는 담담하게 말했다. "우리 모두 살기 위해선 누군가가 희생을 해야 합니다. 모든 것은 제가 책임지겠습니다"라고.

보험사에서 깜짝 놀랐겠군요.

네. 하지만 보험사는 우리 회사의 경영철학을 존중했어요. 믿기 어렵겠지만 모든 공사비를 부담하겠다고 나왔어요.

보수 공사가 끝난 후 첫 메이저리그 경기가 야구장에서 열렸을 때, 하형록은 이 일과 관련된 모든 사람을 초청해서 함께 경기를 관람했다. 결론적으로 이 일을 계기로 팀하스는 건축업계에서 더 많은 파트너와 고객을 얻었고 동시에 명성도 얻었다.

그런 당신의 호의가 모두에게 적용될 수는 없을 텐데요.

직원들은 어떻습니까?

해고당할 만큼 큰 실수를 한 직원을 직접 찾아가서 성경 구절을 읽어 준 적이 있습니다. "시험을 참는 자는 복이 있나니 이는 시련을 견디어 낸 자가 주께서 자기를 사랑하는 자들에게 약속하신 생명의 면류관을 얻을 것이기 때문이라(〈야고보서〉 1장 12절)."

그 친구는 나중에 두 배 넘는 연봉으로 스카우트돼서 다른 회사로 갔다가 다시 팀하스로 돌아왔어요.

번민이 올 때 그런 지혜로운 결정은 어떻게 내립니까?

기도를 해요. 대부분 오래 걸리지 않아요. 더 희생하는 쪽을 선택하면 됩니다. 당장은 손해지만 1천 불을 잃어도 5천 불로 되돌아오는 경우가 많았어요. 경험으로 알죠. 비즈니스를 하다 보면 내가 크게 희생하는 순간, 저 살겠다고 아등바등하던 사람들이 변해요.

고통스러울 때는 없나요?

(크게 웃으며) 아이가 말을 잘 안 들을 때는 저도 고통스러워요.

이웃의 고통에 주저 없이 자신을 헌신해 온 그도 자녀 앞에서는 고통을 느낀다니, 그 보통 사람의 마음에 친근함이 느껴졌다. 하형록은 지금도 미국에서 사람을 모이게 하고 도시를 살아나게 하는 주차빌딩을 건설 중이다. 도시에 생기를 불어넣는 팀하스의 건축설계 프로젝트는 서울과 경주에서도 진행 중이다.

이 모든 일이 심장을 양보한 그 순간에 시작된 거지요?

그렇지요. 내가 양보한 심장을 받은 그 여성분은 두 번째 수술 없이 지금도 잘 살고 있어요. 그 여성의 초대를 받아 집을 방문한 적이 있어요. 30명 정도 가족이 모여 있었는데, 저를 바라보는 눈빛이 너무 예뻤어요. 감사로 반짝반짝 빛이 났어요. 그들은 무슬림이었어요. 살면서 그 눈빛이 종종 기억이 납니다.

(2017년 11월)

하형록을 만나고 오래도록 심장이 아려 왔다. 길을 걷다가도 가슴 저 안쪽의 내 심장을 가만히 눌러 보았다.
인터뷰를 하면서 그에게 희생을 하면 보상이 오는 거냐고, 강박적으로 확인했다. "페이버가 신학이냐, 수학이냐"라는 무리한 질문까지. 자본주의 사회의 소시민인 나는, 대가 없이 치르는 희생을 '바보짓'이라고 배웠다. 실제 손해보다 더 두려운 건, 셈 빠르고 영악한 사람들의 '호구'가 되는 것이었다. 다행히 목사이자 기업가인 하형록은 페이버는 반드시 더 큰돈과 기회, 심지어 생명값으로 보상한다는 것을, 삶으로 정확히 증거했다. 은혜와 자비가 너무 멀리 있다고 느끼는 당신. 가까운 이웃에게 '복리(複利)의 마법'으로 돌아오는 페이버를 실험해 보는 건 어떨까.

공부해서 얻은 지식은
사람들과 나눠야죠

미술사학자 유홍준

215

"교수 방 중에 이렇게 넓은 방 없지. 볼래요?"

유홍준은 만나자마자 방 구경부터 시켜 준다. "내가 영남대에서 명지대로 오면서 딱 두 가지 부탁했어. 인문대에 미술사학과 만들어 달라. 그리고 3만 권 넘는 책 좀 펴놓고 살게 넓은 방을 좀 달라." (웃음)

싱싱한 '수다체'로 인문서 380만 권을 팔아치운 작가답게, 자기 방도 문화재 해설하듯 맛깔스럽게 풀어놓는다.

"저 그림 좋지. 부여 화가가 그린 사냥하는 그림. 인세 받아 뭐해, 이런 데 쓰지. 마누라는 몰라요. 여기까진 일본 미술사, 저기 끝까지 중국 미술, 문학사. 책 한 권 쓰려면 한 천 권은 자료를 보지. 이런 도록은 대학 도서관에서도 못 구해. 어마어마하게 비싸다고. 나는 제자들을 위해 두 권씩 사 놨지만. 천장에 달린 저 북어, 멋지지요? 복스럽잖아. 이 100년 된 고지도는 나이브 페인팅이야. 이 부채도 한번 구경해. 앞에 궁궐 그림은 내가 그린 거, 뒷면엔 글쓰는 설계도면이야. 그 골조대로 글을 써요, 허허."

유홍준은 노력파다. 한 권의 책을 내기 위해 수백 리를 걷고, 수천 권의 책을 읽고, 수만 장의 사진을 찍는다. 그가 구경시켜 준 두 곳의 개인 서가는 대학 도서관을 방불케 했다. 유홍준의 뇌를 쪼개서 열어 본 듯, 웬만큼 정리정돈을 잘하는 사람이 아니라면 장서에 묻혀 괴사할 분량이었다. 그 자신, 진짜 꿈은 책 한 권 없는 빈방이라지만.

1993년 5월 '남도 답사 일번지'로 시작한 《나의 문화유산 답사기》는 이제 10권을 채웠다. 70이 된 지금, 그는 중국어 공부를 시작했다. 답사기 '중국 편'을 준비하기 위해서라고 했다.

나이 70에 중국어를 배우시다니 대단한 학구열입니다.

이제 회화 3권째 들어갔어요. 할 만해요. 오가는 길에 CD로 열심히 듣지, 허허허. 난 영원한 학생이에요, 영원한 학생!

유홍준, 황석영, 백기완을 일컬어 '대한민국의 3대 구라'라고 하던데요. (웃음)

이어령, 김용옥, 유홍준을 묶어서 '대한민국 3대 교육방송'이라고도 해요. (웃음) '구라'라는 말 좋아요. 거기엔 인생도 있고 흐트러짐도, 여유도 있잖아. 교육방송엔 단정함이 있고. 그런데, 오늘 인터뷰 몇 매 쓸 거예요?

1만 2천 자 정도 씁니다.

그렇게나 많이? 제대로 풀어야겠네. 오케이. 맘 잡았어요. 원고지 60매에서 80매면 단편소설이야. 내가 답사기 쓸 때 한 꼭지를 100매 기준으로 써요. 단편소설 분량이지. 딱딱 계산해서 쓴다고. 그게 한 사람이 소파에 누워서 읽을 수 있는 최대치야.

과연 독자들을 휘어잡기 위한 궁리가 치밀하네요. 이번 《나의 문화유산 답사기-서울 편》은 TV 미니시리즈처럼 한 챕터가 끝날 만하면, 다시 살살 흥미가 돋아서 손에서 놓지 못하고 한달음에 읽었어요. 문장에서 판소리의 유장한 맛과 객설, 리듬이 느껴지더군요.

내 지인들도 그러더라고. 3일 동안 신문도 뉴스도 못 보고 소파에서 뒹굴거리며 책에 빠져 살았다고. (웃음). 3일 동안 외국 여행하듯 서울 여행한 셈 쳤다더구만. 독자들은 알지 몰라. 내가 여러 수법을 써요. 풀어 줬다 야단도 쳤다, 요런 건 몰랐지 디밀기도 하고, 개념으로 지적인 정리도 말끔하게 해 주지, 허허.

선생을 미술사 스타 강사에서 저자로 스카우트했던 창비 (창작과 비평사) 편집 위원이자 문학평론가 백낙청 선생이 기가 막힌 평을 했지요.
'학삐리'와 '딴따라'의 강점을 하나로 녹였다고 그랬죠. 내가 세 번째 답사기를 내고 계속 히트를 치니까 분석을 했어요. 유홍준의 《나의 문화유산 답사기》가 장수하는 것은 문학적 구성력에 있다는 거죠.

구전 같은 힘이랄까요. 25년간 380만 부라는 장기 베스트셀러가 나온 건 교양과 문학의 합작이 아니라면 힘들지요.
처음에 빵 치고 들어가기도 하고, 도입부에서 느슨하게 들어가서 휘몰아 끝내기도 하죠. 그 수법이 능수능란하다는 거죠, 허허. 모든 챕터가 단편소설같이 기승전결로 딱 떨어지도록 했어요. 사실 기행문도 오래 쓰면 패턴이 생겨요. 그 패턴 안에 불국사도 경복궁도 집어넣으면 뚝딱 나올 수도 있어. 난 그런 전형적인 게 싫어서, 모든 꼭지의 콘셉트를 달리했어요. 청중에게 해설하는 형식도 취하고, 혼자서 거닐기도 하고, 문헌 속을 헤집기도 했지요. 문학

청년의 꿈을 답사기 형식으로 풀어냈다고 봐야죠.

《나의 문화유산 답사기-서울 편》에서는 종묘와 창덕궁이 새로 보였습니다. 특히 종묘 정전은 동양의 목조건물 중 가장 긴 117미터의 길이감과 그 앞의 텅 빈 월대가 아름답더군요. 사막의 고요와 진공의 무게가 고였다는 말이 실감 났습니다. 서양의 파르테논 신전과 비교해도 뒤지지 않는다고요.

일본 건축계의 거장이었던 시라이 세이치가 그랬지요. "서양에 파르테논 신전이 있다면 동양엔 종묘가 있다." (부채에 붓펜으로 그린 종묘 그림을 보여 준다.) 이거 내가 그린 거예요. (눈 쌓인 종묘 사진을 가리키며) 비 오는 종묘도, 눈 쌓인 종묘도 참 멋이 있지요. 건축가 프랑크 게리는 종묘를 참관하고 그랬어요. "한국인들은 이런 건물이 있다는 걸 감사해야 한다. 심플하고 스트롱하지만 미니멀리즘은 아니다." 기가 막히죠.

미니멀리즘은 감정의 배제인데, 종묘는 그렇지 않다는 거죠.

아는 사람은 그 말이 확 다가올 거예요. 종묘제례악은 또 어떤가요. 작곡가 이건용 선생이 그랬어요. 화성도, 작곡가도 없는데, 참 좋다고. 돌이켜보면 나는 삶의 과정에서 여러 좋은 친구들을 만나면서 답사기 쓰기에 좋은 사람이 됐어요.

　　1세대 건축가 김수근 선생이 세운 공간사에서 일하며

승효상, 민현식 같은 건축가 친구들을 사귄 것도 도움이 됐지요. 공간사 옆의 창덕궁도 조선왕조가 건국 13년 만에 지은 진짜 조선적인 궁궐이거든요. 건축가 민현식에게 "남북 일직선의 축선을 무시한 창덕궁 건축의 콘셉트가 어디서 나온 것 같으냐" 물었더니, 땅이 시키는 대로 지어서래요.

요즘 우리나라 건축은 건물 대지를 반듯하게 밀어 놓고 지으니 멋이 없어요. 땅이 생긴 대로 지으니 창덕궁이 경복궁보다 더 편안하고 자연스럽죠. 시점의 이동에 따라 공간의 변화도 풍부해요. 그렇게 우리가 창조한 유물은 우리 잣대로 미학을 세워야지, 자금성보다 작다느니, 콜로세움에 비하면 아무것도 아니라느니 떠들면 어리석은 거죠.

조선의 역대 임금들은 경복궁보다 창덕궁을 더 좋아하여 여기에 기거하기를 원했고 실제로 더 많이 살았다. 경복궁이 권위적이라면 창덕궁은 인간적인 분위기가 짙다.

창덕궁 낙선재는 왕가의 마지막 여인들이 거주한 이야기만큼이나 그 창살 무늬의 아름다움에 놀랐습니다.
참 예쁘지요? 자세히 애정을 갖고 보면 보여요. 문화행사인 '달빛 기행'에 실제 가 봐요. 더 예쁘거든.

우리 미학의 핵심은 '검이불루 화이불치(儉而不陋 華而不侈)'라고 했는데, 맞는 말 같습니다. 검소하지만 누추하

"뒤통수만 보고 뛰던 2등이
1등이 돼서 앞에 서면 아득해져요.
이제 세계사 속에서
우리만의 고유 의식을
찾아야 할 때라고."

지 않고 화려하지만 사치스럽지 않다.

나는 '유주학선 무주학불(有酒學仙 無酒學佛)'이란 말이 더 좋아요. 흥선대원군이 쓴 글귀로 '술이 있으면 신선을 배우고 술이 없으면 부처를 배운다'는 뜻이지요.

미술사학자로서 선생만큼 대중적 인기와 권력을 두루 누린 사람도 드물지요.

많이 누렸지. 많이 누렸어요. 20대 때 군대 훈련소에서 만난 한 친구가 내 사주와 손금을 보고 그랬어요. "40 넘어가면 넌 세상을 뒤집을 거다." 실제로 내가 마흔세 살에 답사기를 처음 썼어요. 그 친구가 "너 관운도 있다. 대신 반드시 감옥에 가야 해" 하더니 다 맞았어, 허허. 제대하고 두 달 만에 감옥에 갔으니까.

그는 삼선개헌 반대 시위로 1974년에 11개월간 옥에 있었다. 사주팔자대로 옥살이 후에 얻은 관운 때문이었을까. 56세에 그는 문화재청장이 되었다. 그는 많은 문화재를 개방했다. 특히 경호 문제로 폐쇄됐던 청와대 뒷산을 개방한 것은 장안의 화제였다. 책에도 당시 노무현 대통령과 문재인 민정수석과 007작전 짜듯 북악산 개방을 밀어붙였다는 대목이 흥미롭게 등장한다.

일요일 아침 일찍 청와대로 가서 북악산 정상에 오르니 그날따라 날이 맑아 관악산까지 내다보였다. 참으로 황홀했다. 중학교 1학년 때 올라와 보고 처음이었다. 수행하던 경호원이 평소에는 시계가 멀어야 30킬로미터 정도인데 오늘은 40킬로미터나 된다고 했다.

"유 청장님이 신문사에다 글을 쓰겠다고 하면 지면을 내주겠지요? 어느 신문에든 이 좋은 산을 대통령이 독차지하면 되겠느냐고 호되게 비판하는 글을 좀 기고해 주십시오."

"개방하라는 뜻이죠?"

"물론이죠."

- 유홍준, 《나의 문화유산 답사기-서울 편》제2권에서

선생 덕분에 북대문인 숙정문과 북악산 정상을 거쳐 창의문으로 이어지는 지금의 한양순성 길이 완성됐습니다.

북악산도 개방했고, 경회루, 창덕궁 후원 개방까지 많이 문을 열었죠. 나는 문화유산에 출입금지 딱지가 붙는 게 싫었어요. 국민이 누려야죠. 삶 가까이 있어야 문화재도 온기가 돌아요.

반면 경복궁 만찬은 구설에 올랐지요.

세계 어느 나라를 봐도 국제대회에 국빈급이 오면 만찬은 그 나라 궁궐에서 하는 게 당연해요. 그걸 못 하게 하고 왕릉에서 고기 구워 먹었다고 하는 건 악의적 보도였어요. 250년간 제사 지내면 그것을 먹었는데, 밥 먹으려고 하면 국은 끓여야잖아. 그 자리에 있던 사람이 국회의원, 법원장, 도지사 들인데, 다들 나보다 높은 사람들이었거든. 따지고 보면 참여정부와 언론의 불편함이 빚어낸 풍경이었죠.

안타깝게도 문화재청장 시절인 2008년에 숭례문이 불에 탔습니다.

(정색하며) 숭례문은 서울시 관할이었어요. 당시에 나는 루브르박물관 한국어 서비스 사업과 비무장지대 유네스코 등재 문제로 파리에 있었고. 아쉬운 건 목조건물은 골든타임이 5분이에요. 그런데 당시 소방차 60대가 왔는데, 어느 누구 하나 기왓장을 못 끌어내렸어. 제1의 룰이 기왓장 깨는 건데. 기와 안에 보온과 방충용으로 대패와 나무를 집어넣는데 거기 불붙으면 끝이거든.

　　예전 수원 화성 서장대에서 불났을 때 소방관이 기왓장 깨고 30분 만에 불을 껐더니, 과잉진화라고 경찰 조사받은 일이 있어요. 내가 있었으면 책임질 테니 부수라고 했을 텐데. 참 운이 없었던 거죠. 불에 탈 운명이었던가 봐.

저는 현장에서 목격했는데, 일종의 트라우마가 됐습니다. 목재 타는 냄새가 진동했지요.

가슴이 아프죠. 그런데 숭례문을 새로 지었다고 하면 영안실에서 다시 나왔다는 얘기로 잘못들 알아요. 아니야. 중환자실에서 완치된 정도예요. 2층만 새로 했다고. 숭례문은 앞으로 나올 책에서 다룰 거예요.

유홍준은 숭례문 화재 사건 이후 문화재청장을 사퇴했다.

서울 토박이라 서울 답사기를 쓸 때는 더 애정이 깃들지

않았나 싶습니다.

초중고를 모두 종로구에서 나왔어요. 서울이 변해 가는 모습이 머릿속에 있지요. 지금 동십자각에서 삼청동 가는 길이 고1 때만 해도 개천이었지. 그리고 청와대 길, 통인동 가는 길에서 스케이트를 탔고. 청운국민학교 다닐 때 통인시장 앞 복개공사를 했는데, 그 길을 갈 땐 몇 겹의 이미지가 쌓여서 떠올라요. 내가 살아 본 서울, 문헌으로 본 조선시대 서울. 1955년에 국민학교에 입학했는데, 한국전쟁 끝나고 폭격으로 학교 건물이 한 채 남았어요. 10월이 되면 학생들이 가마니 가져와서 바닥에 깔고 천막 교실에서 난로 피워 우유를 끓여서 먹으면서 공부를 했어요.

그 시절에도 동네 부잣집 아들은 각설탕 세 개를 가져와서 먹었지. 고놈이 나한텐 설탕을 안 나눠 주더라고. 내가 아직 기억이 나요, 허허. 그래도 없는 삶 속에서도 정을 나누는 분위기를 쓰고 싶어요. 대학생 시절에는 인사동 고서점인 통문관(1934년~)에서 살다시피 했어요. 통문관 주인 할아버지(이겸로 선생)가 끝까지 나를 손자 같은 친구로 삼아 줬어요. 그분이 96세에 세상을 떠나셨는데, 영남대 교수로 있으면서도 그분과 교류하며 미술사의 자양분을 공급받았어요.

한국 미술사에 관심을 갖게 된 뚜렷한 계기가 있습니까?

1967년에 대학엘 들어갔는데 서울대 미학과 가서 매일 배운 학문이 칸트, 헤겔이었어요. 당시에 모든 것을 팝과 모더니즘으로 설명하는 게 싫었어요. 나 자신을 잃고 싶지 않다는 생각, 즉 감성적 직접성 같은 게 내 안에 있었죠. 그러던 중 1969년도에 이동주 선생이 잡지에 연재한 〈우리나라 옛 그림〉이라는 글을 봤어요. 그걸 모아 읽으면서 한국 미술사를 공부하기로 마음먹었죠.

당시 서울대 문리대 분위기도 일조했을 텐데요.
4.19 세대의 민족주의적인 써클 문화가 있었죠. 신동엽과 김수영의 시가 주는 문학적인 영향권 안에 우리가 있었어요. 김지하가 대표적이었어요. 노래하는 김민기, 판소리 하는 임진택을 비롯해서 나 유홍준도 김지하 키드라고 할 수 있어요. 김지하 이전은 모르겠고, 아무튼 김지하로부터 오고 가는 에너지가 참 대단했어요.

그즈음 그는 아놀드 하우저가 쓴 《문학과 예술의 사회사》를 보고 큰 감명을 받았다고 했다.

달나라에서 만 년 전부터 지구를 내려다본 사람이 쓴 것처럼 시야가 넓더라고. 그런 글을 쓰고 싶었어. 자연스럽게 백낙청 선생, 김윤수 선생(전 국립현대미술관장)이 만든 지식의 물줄기도 흘러 들어오면서 나라는 사람이 키워진 거죠.

어쩌면 그의 지난 25년은 답사기를 쓸 때와 답사기를 준비할 때로 나뉘어진다.

사실 25년간 한 시리즈를 쓴다는 게 독자와 작가의 협업이 없으면 힘든 일입니다.

한 60대 독자가 그래요. 내 책을 읽으며 나이 들었다고. 25년. 긴 시간 사랑받은 만큼, 내게도 긴 시간이 필요했어요. 1, 2, 3권을 쓰고 시즌1의 매듭을 지었어요. 쓰면 무조건 돈이 되던 시절이라 그러기 쉽지 않았지. 한번 쓰면 100만 부, 50만 부가 팔려 나갔으니까. 하지만 미술사로 돌아가야 한다는 신념이 있었죠.

지름길 대신 둘레길을 택했지만, 지식의 발밑은 더욱 단단해졌다. 그사이 미술평론집을 내고 박사학위 논문을 썼다. 북한과 금강산 땅을 밟았고, 화가의 생애를 다룬 치열한 인물사 《화인열전》과 추사 김정희를 다룬 《완당평전》을 썼다. 그리고 문화재청장이 되어 참여정부와 이명박 정부에서 욕먹으며 신명 나게 일했다. 놀면서 공부하는 유홍준이라는 '답사 문화재'가 켜켜이 쌓여 갔다.

문화재청장을 하고 나서 다시 미술사로 돌아갔어요. 내가 미술사학자로 존경을 받을 때 《나의 문화유산 답사기》도 생명을 얻어요. 대중적 인기에 빠지면 나와 책이 모두 추해진다고. 출판사는 조바심을 냈지만, 기다리라고 하고 2년간 《국보순례》를 썼어요. 그런데 극과 극의 반응을 얻었어요, 허허.

극과 극의 반응이라니요?

유홍준은 지난 25년간 《나의 문화유산 답사기》(전 10권)를 써 나갔다. 그가 생각하는 진정한 학자는 공부해서 얻은 지식을 그 시대 사람들과 나누는 사람이다.

228

내가 좌파 성향으로 알려졌는데, 그 글을 〈조선일보〉에 연재했거든. 콘텐츠는 따라올 수 없지만, 좌파 학자 글이라고 독자들 사이에서 말들이 많았어. 그런데 문화유산이라는 것에 좌우가 어디 있어요? 나에게 좌우는 없다, 그건 라인(line)이 아니라 에어리어(area)다, 그랬죠.

《국보순례》는 원고지 5매라 그림과 글이 딱 떨어져. 내 친구들이 이건 화장실에 두고 보기에 좋다고들 하더라고. (웃음)《국보순례》가 반응이 좋아서 세트로《명작순례》를 이어서 썼어요. 요건 또 잠자리에 들기 전에 읽으면 좋겠다 싶어서 25매로 썼죠.

《나의 문화유산 답사기》는 소파에서,《국보순례》는 화장실에서, 《명작순례》는 침실에서…… 독서의 공간과 시간까지 계산하는 치밀함이라니, 그 '장악의 욕망'이 무서울 정도였다.

《나의 문화유산 답사기》로 돌아오면서 제주도를 쓰고 2015년 바로 일본으로 건너갔지요? 일본 편 순서를 앞으로 둔 데 특별한 이유가 있습니까?
당시 한일관계에서 아베가 난리 치는 걸 보고 분개하면서, 학자로서 할 말을 하고 싶었어요. 나도 역사를 보는 프라이드와 굵은 선이 있는 거죠. 한국 역사 교과서의 문제가 뭡니까. 한국사를 한반도의 '사건사고사'로만 가르친다는 거예요. 문화도 스스로 창조한 것도 있지만 세계 문화의 흐름 속에 낙오되지 않고 따라간 게 있거든.

중국인이 청자로 세라믹 혁명을 일으켰지만, 그걸 벤

치마킹해서 고려청자를 만든 일은 세계사에서 전무후무해요. 일본도 서양도 수입해서 썼지. 한국인의 특징이 그래요. 주변부 문화국의 정체성인데, 사실 1등으로 리드한 적이 없어요. 명석하긴 한데 자원은 없고 그래서 어느 놈이 발명하면 그걸 금방 잘 따라잡아요. 굉장한 DNA예요.

지정학적인 특수성에서 나온 한국인의 강점이죠. '한국적인 것이 세계적이다'라는 것의 정체이기도 하고요. 그 DNA로 여기까지 이뤄 냈습니다만.
그냥 청자가 아니라 우리는 '상감청자'를 만들어 냈어요. 그냥 TV가 아니라 '삼성 TV', '삼성 휴대폰'을 만들어 냈죠. 2등이 갖는 행복이 있는데, 1등이 되니 문제가 생겨요.

앞장서면 방향을 제시해야 하니까요.
뒤통수만 보고 뛰던 2등이 1등이 돼서 앞에 서면 아득해져요. 점프할지, 좌회전할지. 그래서 휴대폰 기능을 어떻게 하느냐는 인류학의 문제, 심리학의 문제, 민속학의 문제가 되는 거야. 대한민국에서 기업 하는 사람들이 갑자기 대단해져서 인문학을 찾는 게 아니에요. 지금 인문학은 생존이 걸린 문제가 된 거예요.

중요한 시기지요.
연암 박지원의 수필 중에 이런 내용이 있어요. 70 먹은 노인네가 통곡을 해서 "영감님, 왜 그러십니까?" 물었답니다. 노인 말이, 지금까지 봉사로 살았는데, 지금 갑자기 눈을 뜨니 집을 못 찾아가겠다, 왜 이렇게 길이 많냐, 하는 거죠. 지금 상황이 그래요. 연암이 "도로 눈을 감고 가시오" 그랬답니다. 노키아가 왜 망하고 샤프가 왜 망했겠어요. 길을 못 찾고 헤맸으니 선두를 빼앗기고 망했지요.

2등의 시선으로 머물던 역사를 우리는 다시 봐야 해요. 세계사 속에서 우리만의 고유 의식을 찾아야 할 때라고. 그래서 '한국 문화사'라는 책을 쓰고 싶었고 꼭 쓸 거예요. 그전에 한국 미술사를 해야 하고 그러기 위해서는 일본, 중국 답사기도 써야겠다는 생각을 했어요.

원하던 목표를 이뤘습니까?
일본 답사기에는 문화사 안에 유물을 빼곡히 넣었어요. 역사는 유물을 낳고 유물은 역사를 증언해요. 비로소 안다는 것의 실체감이 생기는 거죠.

안다는 것의 실체감이라······.
아는 것에 대한 3대 명언이 있어요. (웃음) 소크라테스 '너 자신을 알라', 프랜시스 베이컨의 '아는 것이 힘이다'. 그리고 유홍준의 '아는 만큼 보인다.' 인터넷에서 누가 그러더라고요. 인터넷 보면 별별 중생이 다 있어, 허허허.

문화재청장으로 일하던 시절을 더듬어 보면, '아는 만큼 일했다'라 자부하십니까?
신나게 했죠. 일단 수동적인 정부기관에 큐레이팅 기능

을 넣었어요. 유물 보고서도 나는 바깥의 전문 출판사에 아웃소싱해서 자료 다 개방하고 디자인 퀄리티도 높였어요. 문화재청의 조직과 예산도 두 배로 늘렸어요. 그게 제일 큰 거죠. 이를테면 복원을 위한 문화재 종합병원도 만들었고, 유네스코 등재도 내가 많이 했죠.

그런데 최근 서울시가 추진한 한양도성 유네스코 등재는 실패했더군요.

아마 중국에서 반대했을 거예요. 유네스코도 대단한 '마피아'들이 있거든. 자칭 올드보이들인데, 그들과의 친선 관계가 중요해요. 15년 이상 경력의 능구렁이들이라 로비가 엄청나. 쑤저우는 아홉 개 정원, 교토는 사찰 열네 개에 신사 세 개, 조선왕릉도 마흔두 개로 묶으니 등재가 됐잖아요. 묶으면 되는데, 그건 국제적 경험이 필요한 거거든.

남한산성도 그때 내가 있으면 단독으로 안 했어요. 북한산성, 한양도성 같이 묶어서 하면 됐을 텐데. 결과적으로는 우리도 '올드보이'에 끼어들 만한 귀신을 키워야 해요. 유네스코에서 한국문화유산의 가치를 올리는 일에 보람을 얻는 그런 인재가 분명 있을 거예요.

학자의 삶과 관료의 삶, 어떤 쪽이 더 즐겁습니까?

당연히 학자지. 관료 생활도 답사기 쓰는 데 누가 되면 안 해야지. 지금 나이가 70인데 내가 관료로 들어가서 3~4년 일하고, 또 2~3년 재충전하면 76세야. 어휴. 우리 마누라

"꾸밈이 없으니까
　실수를 해도 이해가 되고
　용서가 되고 그런 거죠."

한테 물어봐도 극성부리지 말라고 할걸, 허허허.

요즘 SNS를 보면 '보이는 만큼만 즐긴다'가 대세죠. 유적지가 아니라 가로수길, 경리단길을 걸으며 식문화를 소비하는 여가의 흐름에 섭섭함은 없는지요?

공자 선생의 말에도 아는 것은 좋아하는 것만 못하고 좋아하는 것은 즐기는 것만 못하다는데, 뭐가 나쁘겠어요. 다만 앎을 추구하면 더 오래가는데 말이야. 감성의 소비가 아니라 알면서 즐겼으면 하는 바람이 있죠, 허허.

70인데 허리도 꼿꼿하고 건강해 뵙니다. 평소에도 도보량이 많지요?

기본 1만 보는 걸을 거예요. 답사로 체력이 충전됐죠. 젊은이들이 날 못 따라와. 알겠지만 내가 〈1박 2일〉에 네 번, 〈무릎팍도사〉에 두 번, 〈놀러 와〉 등등 예능프로그램에도 많이 나갔잖아요. 시청률이 그때 20퍼센트가 다 넘었지. 나영석 피디, 그 양반이 참 똑똑해. 그즈음 강호동이 나가면서 〈1박 2일〉이 위기였는데, 다른 연예인 채워 넣는 대신 콘셉트를 바꿔서 나를 찾아온 거예요. 경주 남산 반응이 좋아서 마지막 프로로 경복궁을 한 번 더 하자고 해서 또 했어요.

예능 욕심이 있는 줄 알았습니다. (웃음) 요즘 예능 프로그램 〈알쓸신잡(알아두면 쓸데없는 신비한 잡학사전)〉의 원조격이죠.

내 지론이 그래. 맛있는 음식도 좋지만 영양가도 중요해요. 맛있게 빚으면 그게 최고지. 요리는 〈1박 2일〉이지만, 재료는 경주 남산과 궁궐로 들어간 게 절묘하게 맞아떨어졌어요. 내가 대학 4년 다니면서 연극반을 했어요. 무대장치도 만들고 틈틈이 단역도 했지. 그 연극반 센스가 TV에서 나오더라고, 대학 친구들이 말해 주대요, 허허허.

매사 그렇게 자신감이 넘치는 비결이 뭡니까?

꾸밈이 없으니까 실수를 해도 이해가 되고 용서가 되고 그런 거죠. 1등 이야기를 했는데, 이 분야에서는 내가 1등이잖아. 그러니 오류도 자주 지적받고 그래요. 1등이기에 당하는 것도 있다고 생각해요.

한편으로는 문화권력자라는 비판도 받습니다만.

그게 나쁜가요, 하하하. 권력을 가질 만한 사람한테 권력이 가면 나라에 좋은 거 아닌가. 그런데 나는 권력을 쥔 적도 행사한 적도 없어요. 내 추천으로 장관 된 사람도 없고, 예산 편성에 관여한 적도 없거든.

《나의 문화유산 답사기》를 필생의 역작으로 생각하고 있습니까?

사실 내가 생각하는 역작은 《화인열전》이에요. 삼국시대, 통일신라, 조선 시대를 두루 다룬 편안한 한국 미술사인데, 소파에서 읽긴 너무 책이 두껍단 말이지. 아무튼 나는 이게 곰브리치의 《서양미술사》처럼 읽히길 소망해요.

인문학자로 스스로를 어떻게 평가합니까?

내가 공부하는 미술사는 휴머니티에 관한 거예요. 내 생각은 그래요. 공부해서 얻은 지식을 그 시대 사람들과 나눠 쓰는 게 인문학자의 사명인 거지요. 나는 실천하는 인문학자가 되고자 했어요. 대학교수라는 커리어, 무슨무슨 위원, 이런 게 사회적 실천이 아니야. (혀를 차며) 답사기는 교수업적평가회에서 대중서라고 1점도 안 줘. 논문 써서 발표하면 100점을 주면서. 그런 식으로 학문이 대중과 만나는 것을 갈라놓는 것은 잘못이에요. 학자가 자기 나와바리만 쌓으려 들면 안 되잖아.

문화유산 해설자로 독보적인 지위에 있지만, 스스로 생각하는 한계도 있을 텐데요.

나는 '내수용'이에요. 서양에서 산 적이 없어서 그네들의 관점에서 우리 문화유산을 설명하진 못해요. 그런 점에서 '수출용'은 나 다음에 누군가 또 써야 할 부분이에요. 한국의 린위탕(林語堂)이 나오면 좋겠어요. 린위탕은 한 다리는 중국, 한 다리는 서양을 밟고 한마음으로 우주를 향해 글을 썼지. 그런 기개 있는 사람이 나와서 우리 문화를 세계에 알릴 수 있길 바라는 마음이 간절해요. 난 거기까지는 못하니까.

유홍준으로 사는 게 행복한가요?

내 종교가 한국 미술이에요. (웃음) 나는 그 전도사고. 바이블이 있었다면 그걸 들고 전도했겠지만, 없으니 또 쓰면서 전도해요. 힘들지만 강연도 행복하게 해요. 이를테면 성경의 마태나 마가 같은 느낌이지.

그런데 내가 이번에 책을 내놓고 "여보, 나 장하지? 그런데 나 이거 대체 언제까지 써야 해?" 했더니 마누라가 한마디로 잘라요. "써서 내보낸 지식은 당신 지식이 아녜요. 잘했다고 할 것도 없어." 내 친구들이 그럽디다. 집에서 네 마누라가 너를 들뜨지 못하게 꼭 붙잡고 앉혀 준다고. 허허. 맞는 것 같아. 우리 마누라가 참 돌부처지요.

(2017년 9월)

유홍준

부지런히 걷고 쓰다 보니 어느덧 제일 앞에 서게 됐다는 유홍준. 무엇이 그를 치열하게 걷고, 치밀하게 쓰고, 싱싱하게 말하게 하는가. 답사로 얻은 지식을 당대 사람들과 나눠 쓰고 싶다는 인문학자로서의 소명 때문이다. 그를 만나고 종묘와 창덕궁에 다시 가 보았다. 과연, 종묘 앞마당 달빛 고인 월대는 유장하고 창덕궁 후원 정자에 정조가 쓴 문장은 유려했다. 궁궐의 성과 속이 두루 보이고 읽히니……
아! 노학자의 앞선 걸음이 참으로 고맙다.

일이 안 풀릴 땐
시동을 꺼야 해요

시인 이성복

대학 시절, 나는 학교 앞 2층 카페에 앉아 맥주를 마시며 홀로 이성복의 시를 필사하곤 했다. 그의 시를 받아쓰면, 혹 그처럼 매혹적인 시를 쓸 수 있을까 하여. 당시 이성복은《뒹구는 돌은 언제 잠 깨는가》로 제2회 김수영문학상을 받은 천재였다. "철저히 카프카적이고 보들레르적"이라고 명명된 그 시집 이후 이성복은 지금까지 '시인들의 시인'으로 추앙받고 있다.

시인이 위대한 이유는 그 슬픔과 약함의 바늘땀을 부끄러워하지 않기 때문이다. 시와 시인을 사랑한 덕에 나는 기자가 됐고 그동안 두 권의 시 산문집을 출간했다.

어느 날, 나는 이성복을 찾아나서기로 했다. 내가 이성복을 미치게 부러워하고 숭배했듯, 그도 누군가를 열망했을까. 누군가의 재능을 간절히 염원한다는 것은 한 사람의 인생을 어떻게 바꿔 놓을까. 마침 2018년은 한국 모더니즘 문학의 정수인 김수영(1921~1968) 사후 50주년이 되는 특별한 해다.

아침부터 거세게 쏟아지는 장맛비를 뚫고 송추에 있는 그의 작업실로 들어섰다. 창밖으로 초록빛이 쏟아져 들어오는 작은 복층 오피스텔은 생활의 냄새가 거의 없었다. 중앙에 놓인 작은 책상 하나가 살림의 전부였다. "어서 와요. 2층도 한번 구경해 봐요. 느낌이 아주 달라." 반짝반짝 윤이 나는 눈빛으로 그가 말했다. 책으로 빽빽한 서가를 상상했으나 역시나 텅 비었다.

여백 속에 기척 없이 놓인 건 나무둥치, 보리수 몇 알, 파란 약통, 돌부처, 대리석 연필꽂이…… 흰 종이에 단어 몇 개 부려 놓은 시처럼 이 공간은 '이성복'이라는 시인의 설치미술처럼 보였다.

　"이 어처구니는 두부집 마당에서 주워 왔어. 맷돌에 끼워 돌리는 나무둥치야. 이게 없어지면 '어처구니가 없다'가 되는 거라. (웃음) 요건 보리수나무 열매. 두 개만 가져가요. 이건 학생들이 수학여행 가서 사 온 대리석 필통인데, 나는 여기 보이는 이 무늬 같은 시를 쓰고 싶어. 파란색을 좋아해서 콘센트 버튼도 파랑, 짝을 맞춰 파란색 약통 뚜껑도 갖다 놨지."

　공기의 결을 따라 아주 조금씩 배열된 사물. 핵심만 있고 군더더기가 없다. 은퇴 후 작년에 서울로 와서 둥지를 틀었다. 이곳 작업실로 온 지는 한 달이 되었다고 했다.

서가가 텅 비었습니다.

책은 이제 많이 읽지 않아요. 공부를 하지. 얼마 전엔 《뷰
티풀 퀘스천》이라는 책을 2만3천 원에 사서 읽었는데
2~3프로밖에 이해를 못했어요. 그런 식으로 산 수학과
과학책이 많아. 난 수학에서 아름다움을 봐요. 존 키츠가
그랬지. "아름다운 건 진리고 진리는 아름다운 것"이라
고. 자연과학에 이런 말이 있어. "사실에 부합하지만 지
저분한 것은 잘못된 것이다. 사실에 맞지 않지만 아름답
다면 그걸 취해야 한다. 당장은 틀려 보여도 결국은 그게
맞다." 나는 자연스럽게 알게 됐어요. 아름다움이 자연의
기본 구조라는 걸.

**이를테면 수학 공식이나 패턴에서 느껴지는 그런 명료함
일까요?**

눈의 결정체를 봐요. 아름답지. 패턴이 드러날 때 참 아
름다워요. 모습은 수학자가 아름다워. 수학자들의 수필
집에 보면 헝클어진 머리에 운동화 신고 계단에 털썩 앉
아 있는 사진이 있어요. 딱 노숙자 폼인데 정말 아름다
워. 에미 뇌터(Amalie Emmy Noether)라는 유대인 여성
수학자도 수학에 미친 사람이야. 그들의 그 눈이 참 아름
다워요. 유배자의 눈, 이방인의 눈이야. 딴 곳을 바라보는
눈이지.

**선생의 눈도 그렇습니다. 이곳을 보는데 저곳을 보는 눈
이지요. 차원을 꿰뚫는 느낌이 섬뜩합니다.**

하하. 세상에서 가장 아름다운 눈은 마르케스의 눈이고 김수영의 눈이고 릴케의 눈이에요. 딴 데서 온 사람들이지. 늘 딴 데 가 있는 사람이고. 자기가 온 내면의 고향이 있는 거라. 여기 붙들려서 거기 추억을 갖고 살지. 오직 바깥을 보는 사람, 그걸 실성했다고 해요. (웃음) 그런데 시를 쓰려면 실성을 해야 하거든.

이성복은 1952년 경북 상주에서 태어났다. 서울대학교 불문과를 나와 1980년 첫 시집 《뒹구는 돌은 언제 잠 깨는가》로 문단과 독자들에게 '생의 참모습으로서의 비참'을 선물로 안겼다. "모두 병들었으나 아무도 아프지 않았다"로 끝나는 시 〈그날〉을 비롯해 그가 남긴 말의 흉터가 지극히 싱싱하고 선연하여, 유신 시대부터 지금까지 잊히지 못하는 시인이 되었다.
젊은 날 걸작을 낸 후 서울 문단을 떠났고, 유배자의 자리를 자처하듯 30년간 대구 계명대학교에서 불문학과 문예창작을 가르쳤다. 《남해금산》, 《그 여름의 끝》, 《아, 입이 없는 것들》……그의 시어가 가리키는 진실만큼, 삶이라는 병명을 자각하며 '아름답게 병든 채로' 살았다.
오랫동안 시를 발표하지 않았기에, 오랫동안 그를 죽은 자로 착각하는 나 같은 사람도 있었다. 그의 시집 갈피마다 기형도의 그것처럼 죽음의 임지로 향하는 자의 단호한 리듬, 기어이 패배를 완성하고자 하는 정직한 욕구가 배어 있었다. 프랜시스 베이컨이나 카라바조의 그림을 보는 것 같았으나, 그 이면의 마음은 훨씬 나약하고 어여뻤다.

이번에 김수영 문학관에서 김수영에 관한 특별 강연을 하셨어요. 이성복이 김수영을 말하는 건 한국 시사에 기록될 아름다운 장면이지요.

김수명 선생(김수영의 여동생) 만나 한참을 손잡고 사진 찍고 그랬어요. 말하면서 여러 번 울 뻔했어. 김수영은 '시미아'야. 시에 미친 아저씨. (웃음) 당시에 블랑쇼, 릴케, 하이데거를 읽고 정신의 핵심을 꿰뚫었어요. 김수영 시대에 살았던 시인들이 이념에, 도덕에 꺾여 빛이 바래도 김수영은 푸릇푸릇해.

1960년대 사람인데 여전히 생생합니다. 선생은 한국의 김수영과 일본의 나쓰메 소세키를 늘 함께 언급하셨어요.

김수영이 1921년에 태어나서 1968년에 죽었어요. 마흔일곱 살에. 신기한 게 나쓰메 소세키도, 보들레르도 비슷한 나이에 죽었어. 문제적 인간들이야. 일본인들은 나쓰메 소세키를 일본의 셰익스피어다 그래요. 소세키는 영국에서 돌아와 40대에 이미 신화적 존재가 됐어요. 동양, 서양, 전통과 근대, 개인과 집단의 문제가 혼재할 때 길을 냈어요. 혼돈 속에서 아무도 가지 않은 길을 갔지. 김수영이 한국의 그 자리야. 인간 정신의 최전선.

천재라는 표현이 부족하지요. 천재는 개인성에 기반한……

이상이나 서정주, 황지우 같은 시인은 천재야. 김수영은 천재라는 말이 성립이 안 돼. 김수영의 천재성은 시대정신이에요. 정신과 문학을 일치시키려고 했던 본격적인 사람이야. 내가 내 인생의 작가를 선택할 때, 그건 배우자를 고르듯 내 인생 전체를 거는 거예요. 김수영은 믿을 만한 사람이었어요. 추악한 이야기도 그 사람 입에 들어가면 고귀해졌거든. 신랄한 구석도 있었지. 그런데 타자를 공격할 땐 자기가 먼저 홀딱 벗고 제물로 나왔어요. 무시무시하게 공부했지.

어떤 공부지요?

책 없는 공부. 인생 자체를 파고들어 가는 공부. 감각에 천재성의 기미가 있더라도, 그 공부는 시에 미치는 거고 삶에 미치는 거라. 예술작품으로서의 시가 아니라 생의 결기로서의 시를 쓴 거라.

김수영은 선생에게 특별한 스승이었나 봅니다.

슈베르트는 잘 때 안경을 쓰고 잤대요. 자다가 악상이 떠오르면 바로 기록하려고. 안경 찾아 쓰고 그러는 사이 영감이 사라지니까. 그 정도로 음악에 미치고 정성이 있던 사람이었어요. 그 슈베르트가 좋아했던 사람이 베토벤이야. 베토벤이 죽기 열흘 전에 슈베르트가 찾아갔는데, 베토벤이 그때 "너, 너무 잘한다" 얘길 해 줬지. 슈베르트는 열흘 후 베토벤의 관을 메고 갔어요. 베토벤의 음악은 구조적이고, 슈베르트는 멜로디가 훌륭해요. 슈베르트는 자기가 죽을 즈음엔 베토벤 협주곡을 들었어요. 임종할 때, 주변에 모인 친구와 가족 들을 둘러보고 울먹였어요.

"다 있어도 베토벤은 없네" 하면서.

아름답고 지독한 관계였네요.
어쩌면 슈베르트의 미완성 교향곡처럼 아름다움(美)의 다른 얼굴은 미완(未完)이에요. 미완성인 채로 가는 거지. 길을 잃고 헤매고 있다는 걸 알면, 집에 갈 가능성도 있거든.

시 생각은 언제 하세요?
《논어》의 〈사물잠四勿箴〉에 인(仁)이란 무엇인가가 나와요. 자기를 극복해서 예(禮)를 회복하려면 "첫째, 예가 아니면 보지를 말고 둘째, 예가 아니면 듣지를 말며 셋째, 예가 아니면 말하지 말고 넷째, 예가 아니면 움직이지 말라." 거기서 예를 시로 바꿔 읽어 봐요. 뭘 볼 때, 말할 때 항상 시를 생각하죠. 김수영이 그랬으니까.

무언가 쓸 때도 항상 김수영을 생각합니까?
나는 산문을 쓸 때도 열 줄씩 겨우겨우 쓰는데, 김수영은 단칼에 내리꽂지요. 현실참여형 작가이면서도 불가능에 닿도록 썼어요. 불가능, 무의미를 제대로 다루지 못하면 글은 진부해지고 낡아져. 다들 달의 앞면만 보고 쓸 때, 김수영은 뒷면을 열어 뒀어요. 그러니 시대의 메시지가 바뀌어도 더 힘있게 읽히는 겁니다.

이젠 선생 얘기를 좀 하시지요.

"시 쓰는 게 별게 아니라
 타인을 위해 신발을 바깥쪽으로
 돌려놓는 행위예요."

나는, 나는…… 매우 약한 사람이에요. 정신력이 약한 사람의 특징을 두루 갖고 있어요. 나는 나보다 잘난 사람 앞에서는 매우 분개해요. 하지만 그 사람이 잘났다는 건 인정하지. 김수영은 나보다 너무 뛰어나서 짜증이 나요. (웃음) 하지만 그대가 거기 있어 내가 여기 있지요. 나도 문제적 인간이야. 국민학교 5학년 때 단식 투쟁해서 상주에서 서울로 왔거든. 야심가였지. 나는 김수영의 가족묘에 들어가고 싶어요.

끝이 날 것 같지 않은, 애타는 마음이군요.
극작가 라신도 죽을 때 그랬어요. 선생인 아몽 옆에 묻어 달라고.

이성복

시집 《래여애반다라》를 마지막으로 낸 그가 2013년 이후 띄엄띄엄 발표한 시는 스무 편을 넘지 않는다.
시를 쓸 땐 다음 말을 뭐로 써야 할지 모른다고 했다. 인생과 닮아서 무엇을 쓸지, 왜 쓸지, 어디로 갈지 모르는 상태로 첫 말을 쓸 뿐이다. 종교를 하기엔 믿음이 부족하고, 문학을 하기엔 버텨 낼 용기가 없어 그저 '시의 자리'에서 가만가만 서성인다는 이성복. 시를 쓰는 대신 시에 대해 말할 수 있는 것이 총망라된 《극지의 시》(2015), 《무한화서》(2015) 등 시론집을 냈다.

여기선 주로 뭘 하세요?
아무것도 안 해요. 시를 써야지, 하면서 와요. 오기 위해서 와요. 나는 운전하는 걸 좋아해요. 아무것도 안 하면서 뭔가 하는 것 같거든. 또 좋아하는 건 하염없이 기다리는 거.

여기서 하염없이 시를 기다립니까?
다시 쓸 수 있을까? 얼마든지 쓸 수 있을 것 같은데. 다리 부러져 침상에 있다가 깁스 풀면 금방 걸을 수 있을 것 같잖아. 그런데 안 되지. 근데 또 뱀 한 마리 들어오면 진짜 걸어. (웃음) 뱀이 오면 나도 쓸 수 있을까. 한편으론 할 말은 다 끝낸 것 같기도 해요.

시 〈그날〉은 "모두 병들었으나 아무도 아프지 않았다" 로 끝납니다. 김현 선생이 평론에서 이야기했듯이 꿈과 아픔을 계속 자각하는 것이 선생에겐 왜 그토록 중요합니까?
삶은 한낮의 악몽이에요. 죽을 때까지 꿈에서 진땀을 흘리며 사는 게 인생이지요. 최민식이란 배우가 이순신을 연기하는 격인데, 최민식이 죽을 때만큼은 이순신으로 죽지 말고 최민식인 걸 깨닫고 죽어야 해요. 나는 삶이 꿈이라는 걸 알면서도 꿈을 못 벗어나는, 그 상태를 쓰지 않고는 견딜 수가 없어요.

왜 그게 못 견딜 일입니까?
그게 진실이니까. 나는 진실이 너무 좋아요. 진실을 꼭 껴안고 잤으면 좋겠어요. 거짓 위안 속에 편안히 살기보다 진실 속에 불편하게 살고 싶다는 거죠. 아름다움이 뭘까요? 진실할 수 없어도 진실해지려는 노력, 책임을 자신에게 돌리는 노력, 그게 사람이 할 수 있는 것의 다가 아닐까요?

언젠가 《극지의 시》 강연에서 첫 시집 《뒹구는 돌은 언제 잠 깨는가》를 외국시, 특히 랭보와 보들레르를 잘 베꼈다고 해서 깜짝 놀랐습니다. "나는 잘 베끼는 사람"이라고 하셨죠. 왠지 위안이 되더군요.

나는 니체, 보들레르, 카프카, 김수영의 영향권 안에 있었어요. 김수영을 베끼고 보들레르를 베끼고……. 선생이 남긴 밥을 먹으면 나도 선생처럼 될까 한다 그런 간절함. 언어가 이미 남의 것인데 어떻게 베끼지 않을 수 있나. 그런데 언어가 신기한 게 베끼는 순간에 다른 문맥이 돼버리죠.

표절과는 다르다고 했다. "훔치는 것은 안 돼요. 새들이 집을 짓잖아. 자기 둥지 지으려고 남의 집 뜯어 오면 안 되는 거지."

생각하기에 따라 부끄러울 수 있는 고백을 왜 합니까?
그게 진실이니까. 내가 얼마나 개새끼인지 나는 알아요.

도서관에서 만년필 심도 몰래 훔쳤고 우물에 똥도 눴다고 했다. "물론 아무에게도 못 하는 얘기도 있지요. 어쩌면 까발림과 숨김 사이의 갈등이 문학의 자리라. 정확한 자리로 던지는 투포환 같은 거지. 약한 사람은 진실을 너무 일찍 떨어뜨리고, 강하다고

역설적으로 선생의 모습도, 삶의 방식도, 참하고 어여쁘다는 생각을 했습니다.

못됐다는 소리 많이 들어요. 바깥은 여자, 안은 남자라. 여성적이지만 모질고 끈질긴 면이 있어서 한번 물면 놓지 않지요. 뱀 대가리 같아. 그것 때문에 출세의 야심도 있었지. 법대 가려고 했는데, 회의가 들어서 문학으로 왔어요. 공부도 처음엔 서양으로 갔다가 결국 동양으로 왔고.

시는 삶의 위기와 불길을 노래했지만, 실제 삶은 그 어떤 문인보다 평안했다는 게 놀랍습니다. 2001년 산문집《나는 왜 비에 젖은 석류 꽃잎에 대해 아무 말도 못 했는가》가 나오기 전까지, 선생이 생존했다는 걸 저는 믿지 못했습니다.

많은 시인이 비장하게 죽었어요. 기형도, 김소월, 이상, 백석……. 그렇게 살아서 죽은 게 아니라 죽었기 때문에 그 사람이 된 거죠. 나는 서울대 불문과에 입학할 땐, 불문학이 그리 대단한 줄 모르고 졸업하면 대기업에나 취직하려 했어요. 그런데 거기서 김현이라는 대가를 만났어요. 좋은 스승을 만나 좋은 잡지(《문학과 지성》)로 데뷔를 했어요. 시인이 교수(대구 계명대학교 문창과 교수로 2016년 은퇴했다)로 살았으면 온실에서 산 거지. 복이다 싶으면서도, 어쩔 땐 내가 오리 비슷하다 싶어. 날지도 못하고 헤엄도 시원하게 못 친 것 같은 기분.

《남해금산》,《그 여름의 끝》,《아, 입이 없는 것들》…… 써야 할 시는
1977년부터 1979년까지 다 썼다고 말하는 이성복. 그의 시들은
30년이 넘도록 쇄를 거듭하며 독자와 시인 들의 사랑을 받고 있다.

이성복

어떤 야심이 있습니까?

출세는 재미없고. 정말 하고 싶은 건 김수영처럼, 나쓰메 소세키처럼, 카프카처럼 살아 보는 거예요. 그렇게 살다 죽으면 좋겠어요. 그런데 우리 집안이 장수 집안이라 죽기까지 불가능한 지점을 응시하는 게 괴로워. 어머니가 99세에 돌아가셨어요. 60대부터 오래 살았으니 언제 죽어도 좋다 하셨는데, 죽기 전엔 일주일을 우셨어요. 울음을 참으려고 이불깃을 깨물었지. 아버지도 85세까지 살다 가실 때 그 눈빛이 이루 말할 수가 없었어요. 내가 20권 정도 책을 쓰고 할 얘기는 다 했는데…….

시인이라 더 잘 살아야겠다는 신념이 있었나요?

시 쓰는 게 별게 아니라 타인을 위해 신발을 바깥쪽으로 돌려놓는 행위예요. 나는 애살이 많은 편이에요. 그렇게 안 살면 안 되는 사람이야. 시집갈 때 "아빠 저 잘 살게요" 하는 것처럼, 김수영에게 "선생님, 제가 재능은 짧아도 잘 살게요" 하는 마음이 있었어요.

그는 식당에서 밥을 먹어도 밥이 6천 원 이상이면 부끄러워서 목에 걸리는 사람이다. 언젠가부터 생명 있는 것도 먹기 힘들다고 했다.

주변 상황을 거스르지 않고 자연스럽게 만드는 기운이 있으세요. 자긍심도 있고 조심성도 있는 수련된 어른들의 특징입니다.

나는 엄마를 닮았어요. 우리 엄마도 자존심이 세고 못된 구석이 있었어요. 나보다 잘난 사람 있는 곳엔 가기 싫어 했지. 한편으론 상황주의자라 판이 짜이면 반항을 안 하고 잘 맞췄어요. 그게 임기응변이라. 기운이 흐르는 결에 그때그때 잘 맞춰서 살았어요. 엄마 이름이 '송정남'인데 아내가 나더러 "오빤 정남 스타일"이래. (웃음) 그런데 돌아가시기 전에 엄마한테 물어봤어요. "엄마, 나 착하지?" 그랬더니 딱 잘라요. "네가 뭐가 착해? 넌 안 착해."

섭섭하지 않던가요?
아니요. 그게 진실이니까.

노화는 어떻게 맞이하고 있습니까?
늙고 죽는 것? 얼음판에서 브레이크를 밟아도 계속 미끄러지는 느낌. 그때의 막연함 같은 거죠. "어어" 하면서 '이게 꿈인가, 생시인가' 싶죠. 그럴 땐 시동을 껐다 다시 켜면 돼요. (웃음) 잘 맞이하기 위해 저는 좋은 문장을 많이 외워요.

청년은 어디로 가야 합니까?
멀리 보지 말고 자기 발밑을 보세요. 잘 안 되면 똑같이 어느 순간엔 시동을 꺼야 해요. 어느 날 내가 면도를 하다 면도기가 잘 안 들어 서비스센터에 전화했더니, 완전히 끄고 다시 켜래. 하지만 상황에 빠지면 끌 생각을 못 하죠.

"진실할 수 없어도 진실해지려는 노력,
책임을 자신에게 돌리는 노력,
그게 사람이 할 수 있는 것의
다가 아닐까요?"

제자들에겐 좋은 스승이었습니까?

선생은 자기 속에 선생을 가진 사람이지요. (웃음) 제자들에게 난 성깔도 있고 곁을 안 주는 사람이기도 했고, 늘 꿈속에 나오는 육친 같은 사람이기도 했어요. 시와 삶에 대해서는 거품을 물고 이야기했어요.

어떤 것은 가르치고 어떤 것은 안 가르쳤습니까?

선생은 생사를 건네주는 사람이라 하잖아요. '죽는 게 뭔가?' 이걸 알려 주려고 생과 사를 공부했어요. 강을 건널 때 겁먹고 급류에 휩쓸리지 않도록 이쪽으로 바지만 걷고 오라고. 아이가 셋이에요. 아들 둘에 딸 하나. 둘째가 내 말이 크게 위로가 됐던 적이 있다고 해요. 그 말이 "지금 네가 고민하는 것 외에 그것보다 더 큰 문제는 다 잘 되고 있다"예요. 생각해 보면 잃어야 할 것은 잃을 만하니까 잃는 거지요.

기형도의 시집 《입 속의 검은 잎》과 선생의 시집 《아, 입이 없는 것들》에서 시인에게 '입'이라는 단어가 주는 영묘함을 생각해 봤습니다.

언젠가 계림에 가서 500마리 호랑이 떼 앞에 먹이로 던져진 소를 봤어요. 그 소가 파랗게 질려서 다리뼈가 부러지도록 울타리에 제 몸을 던져요. 생사 앞에 선 누구나 입이 있어도 말을 못 해요. 입으로 말할 수 없는 것을 말하려는 게 시인인 거고.

지금 자신의 처지는 문학 하려고 온갖 좋은 것을 다 먹고 나서 문학을 못 하게 된 것 같다고 했다. '벌침 맞다가 고추 썩은 격'이라고. 조금 쓸쓸할 뿐, 결핍의 기미는 없었다. 시를 쓰는 대신 시를 살아온 자, 왜 그를 보면 하룻밤도 형기를 잊은 적 없이 일기를 써 온, 평온한 사형수를 보는 것 같을까. 삶보다 죽음에 가까워질수록 눈빛은 더욱 형형해지고.

어떤 말을 하든 비유가 꼬리를 물고 이어졌다. 비유는 그가 사물을 이해하는 방식이라고 했다. 튀어 오르는 배구공에 맞춰 반사적으로 몸이 떠오르듯, 오래전부터 있던 비유가 몸 밖으로 나오는 것일 뿐.

내가 세상을 이해하고 표현하는 방식은 가령 이런 거예요. 여기저기 못 쓰는 걸 주워 모아 이 방에 놓았잖아. 프랑스에선 브리콜라주(bricolage)라고 해요. 아무 관계없는 걸 결합해서 창조하는 일. 이미 창조된 걸 결합해서 다른 걸 만들어 내는 일.

글을 쓸 때 진지함, 측은함, 장난기 이 세 가지를 염두에 둔다고 했지요? 삶에서도 외워 두고 싶은 원칙입니다.
한여름에 우물에 똥 누는 것, 어처구니 주워 오는 것, 그런 거. (웃음) 자기 비하나 냉소는 한참 들으면 기분 나쁘잖아. 유머의 특징이 인간의 특징이에요. 요한 바오로 2세는 아이들이 수염 잡고 놀도록 허락했어요. 시가행진에선 음악에 맞춰 봉을 돌리며 시민을 웃겼어. 그분은 사물과 사태에 있는 결을 따라 아름답게 살았어요. 연민

은 사물의 핵심에 해당해요. 그게 없으면 아무것도 못하
죠. 난 잘 차려입은 사람이 피가 밴 스테이크를 먹으며
민중운동을 논하는 걸 보면 아득해져. 그럴 땐 생이 괴
물 같아.

아끼는 시가 있습니까?
최근에 쓴 〈정선〉이라는 시가 좋아요.

> 내 혼은 사북에서 졸고
> 몸은 황지에서 놀고 있으니
> 동면 서면 흩어진 까마귀들아
> 숨겨 둔 외발 가마에 내 혼 태워 오너라
>
> 내 혼은 사북에서 잠자고
> 몸은 황지에서 물장구치고 있으니
> 아우라지 강물의 피리 새끼들아
> 깻묵같이 흩어진 내 몸 건져 오너라
> - 시집 《래여애반다라》(2013)에 실린 시 〈정선〉

〈정선〉은 정선에 놀러 갔다가 말장난처럼 언어들이 들러붙어
나온 시라고 했다. 사북, 황지, 동면, 서면, 아우라지……
고유명사들이 문장 속에서 춤을 출 때, 작가는 얼마나 흥이 날까.
써야 할 시는 스물다섯부터 스물일곱까지(1977~1979년) 다
써 버리고 남은 생은 망가진 잉크병처럼 헛도는 이야기를 하고
있다지만, 이성복은 1분 1초도 시의 자리에서 벗어난 적이

없었다.

그가 싱크대 수납장에서 노트 몇 권을 꺼내 왔다. 대학 시절 습작과 그가 기억해 두고 싶은 문장들을 써 놓은 손바닥보다 조금 큰 하늘색 노트였다. 개미들이 열 맞춰 기어가듯 글씨는 어여쁘고 반듯했다. 그렇게 둥글고 참한 글씨가 거대한 입이 되어 생의 비참을 말했다는 것이 놀랍다.

가는 날이 장날이라고, 온종일 지치지도 않고 비가 쏟아졌다. 빗줄기를 피해 함께 중국집에서 짬뽕으로 늦은 점심을 먹고 작별 인사를 하려는데 그가 주섬주섬 검은 봉지를 꺼내 건넸다. 크고 잘생긴 토마토 몇 알이었다. "아침에 오다가…… 내 것 사는데 생각나서 같이 샀어요."

귀갓길, 배낭에 토마토를 넣고 아파트가 있는 언덕길을 오르면서 나는 이것이 과연 시시포스의 등짐인가 싶어서 웃었다. 이성복은 시는 "자신을 제물로 진실과 아름다움을 추구하는 것"이라 했고 "타인의 신발을 바깥으로 놓는 행위"라 했고, "말할 수 없는 것을 말하는 것"이라 했다. 다만, 그날 저녁 나는 혀에 달고 시원하게 감기는 토마토 한 조각만을 생각했다. 아침에 땅콩 열 개를 구우면 먼저 나간 아내를 위해 여섯 개를 남겨 놓는다는 그는, 이성복이다. 아름답게 '보존된' 시다.

(2018년 7월)

평창 올림픽 개폐회식 총감독 송승환

재미를 추구하다 보면
슬럼프가 없어요

영하 20도 이하로 떨어지면 추위가 살아 움직인다. 동계올림픽이 열렸던 2018년 2월 9일부터 25일까지 17일간 평창의 추위는 단순한 감각이 아니라 존재였다. 45일간, 새벽까지 이어지는 리허설을 매일 반복했던 공연팀에게도 추위의 아귀힘은 강했다. 타는 듯한 냉기가 얼굴과 등골을 헤집고 지나갔다. 날씨가 가장 무서웠고 또한 날씨가 가장 고마웠다, 고 평창 동계올림픽 개폐막식 총감독 송승환은 부르르 몸을 떨었다.

몇몇 잡음에도 불구하고 평창 동계올림픽은 우리에게 경쟁의 품격, 그리고 한국인이라는 자부심을 선물처럼 안겼다.

기술적인 역량과 유연한 문화적 힘을 펼쳐냈다.
-〈월스트리트 저널〉
수천 개의 드론이 오륜기로 변해 전 세계의 시청자를 놀라게 했다. -〈타임〉
생동감 있고 화려한 불과 얼음의 개막식이었다.
-〈로이터 통신〉

3초 단위로 콘티를 짜고, TV 중계 컷 하나 하나를 모두 계산한 총감독 송승환이 그 무대 뒤에 있었다. 송승환은 1965년에 아역 성우로 방송에 데뷔했다. 1968년에 연극〈학마을 사람들〉로 아역 최초로 동아연극상 특별상을 받았다.〈아씨〉(1970),〈여로〉(1972) 등 텔레비전과 연극 무대를 오가며 열연했고, 20대엔 최고 인기 쇼프로그램이었던〈젊음의 행진〉MC를 맡았던 청춘 스타였다. 비음이 섞인 낭랑한 목소리, 사려 깊고 명랑한 진행 솜씨로 MBC 라디오 간판 프로인〈양희은 송승환의 여성 시대〉(2004~2007) DJ로도 활약했다.

나이 마흔엔 사물놀이의 흥이 넘치는 아크로바틱 서커스를 만들어 세상에 내놓았다. 한국적인 흥을 세계 언어로 풀어낸 비언어극 〈난타〉는 1997년 호암아트홀에서 오픈한 뒤 전 세계 57개국 310개 도시를 돌며, 지금까지 갈채를 받고 있다. 그 세월이 무려 20년이다. 2018 평창 동계올림픽 개폐막식은 한국 최초의 글로벌 퍼포먼스를 만들었던 송승환의 '동시다발' 인생 노하우가 빼곡히 녹아든 또 한 편의 역작이 되었다.

송승환을 만난 건 평창 올림픽 폐막식이 끝난 다음 날 평창에서였다. 영하 20도로 살갗을 조여 왔던 공기는 어느새 봄기운으로 부풀어 오르기 시작했다. 흰 눈에 반사된 햇살이 창날처럼 실내에 꽂혔다. 여러 번 얼었다 녹은 땅처럼 그의 코밑은 붉게 헐어 있었다.

기분이 어떤가요?

멍하고 송구하고 그렇습니다. (미소 지으며) 이렇게 칭찬 받을 줄은 정말 몰랐어요. 잘해야 본전이고 욕만 안 먹으면 된다고, 제가 스태프들에게도 단단히 일렀어요. "우리 욕먹어도 기죽지 말자, 최선을 다하자!" 그렇게 미리 마인드컨트롤을 했거든요.

다만 폐막식 한류 스타 캐스팅은 예상외였다는 반응도 있어요. 개인적으로 씨엘이나 엑소는 꽤 쿨한 선택이었다고 보는데 아무래도 싸이에 대한 기대가 컸던 모양입니다.

스타 캐스팅이 어려운 건 호불호가 다 달라서예요. 이 사람 나오면 저 사람 얘기해요. (웃음) 어쩔 수 없죠. 싸이와 방탄소년단까지 함께했다면 금상첨화겠지만, 다들 스케줄상 애초부터 참여가 힘들었어요. 그래서 싸이는 〈강남스타일〉을 개막식 때 쓰도록 EDM 음악으로 편곡해 줬고, 방탄소년단도 마지막 곡으로 쓰도록 〈DNA〉를 편곡해 줬어요. 특히 싸이는 〈강남스타일〉을 의미가 큰 무대에서 부르는 걸 조금 부담스러워했어요. 2014년 아시안게임 때 한류 스타가 총출동했는데 그때 반응이 좋지 않아 트라우마가 된 모양이에요.

〈찔레꽃〉으로 유명한 소리꾼 장사익과 초등학생들이 애국가를 함께 부를 땐 울컥하더군요.

처음부터 장사익 선생을 생각했어요. 아이와 할아버지가

262

함께 부르는 그림이면 좋겠다고. 강원도 아이들이 함께 해 줘서 더 좋았지요.

숨죽이며 시작했던 개막식이 "와우!" 하고 터지는 감탄사의 폭죽으로 풍요했다면, "안녕"을 고하는 폐막식은 '아……' 하고 휘몰아치는 말줄임표의 감동으로 충만했다. 인면조의 신화적 날갯짓, 벽화 속에서 막 튀어나온 고구려 여인들의 군무, 도깨비처럼 활공했던 저스트절크(비보이 팀)의 어반댄스는 폐막식에 이르러 장사익이 부르는 애국가 한 소절, 거북이와 민들레 홀씨의 아름다운 상여 행렬, 메탈 음악 풍의 국악과 스웨그 넘치는 현대적인 판소리로 융합의 절정을 이뤘다. 1218개의 드론이 개막식 평창의 하늘에 오륜기를 수놓았다. 드론은 폐막식에 다시 등장해 수호랑으로 비행했다. 전통과 현대가 거침없이 부딪치며 뿜어내는 역동적인 에너지가 오대양 육대주로 퍼져나갔다. '한국적인 것이 진정 세계적인 것'이라는 명제가 완성되는 순간, 가슴이 벅차오르지 않은 한국인이 누가 있을까.

전 세계가 지켜보는 생방송이라 매 순간 노심초사했을 테지만, 가장 마음을 졸였던 순간은 언제였나요?
고비마다 힘들었어요. 하루에도 지뢰가 몇 개씩 터졌어요. 가장 애를 태운 건 날씨였어요. 폐회식 이틀 전엔 강풍이 일었고 하루 전엔 안개가 자욱했어요. 카메라로 잡아도 얼굴이 안 보일 정도여서 리허설을 아예 못 했어요. 그런데 당일 거짓말처럼 해가 나고 바람마저 잠잠했어요. 제가 45일간 평창에 있었는데 딱 이틀 날씨가 좋았어요. 개막식하고 폐막식 날.

신기하군요!
하늘이 대한민국을 도왔던 거죠.

다시 한번 기분이 어떠세요?
안도감이 커요. 주위에서 "대한민국 사람인 걸 자랑스럽게 만들어 줘서 고맙다" 말해 주시면 송구해요. 제 머리에는 안전에 대한 걱정과 스태프들에 대한 미안함이 이루 말할 수 없었어요. 어린아이부터 나이 드신 분까지 3천 명의 출연자와 1천 명의 스태프들이 새벽까지 추위에 몸을 떨며 리허설을 했는데, 사고 없이 잘 끝났어요. 그걸로 참 다행이에요.

아역 탤런트에서 시작해, 연극, 영화, 드라마, 쇼프로그램 MC, 매니지먼트, 세계적인 〈난타〉 공연 제작까지 다양한 영역을 두루 거친 게 많은 도움이 됐습니까?
그럼요. 어려서부터 방송한 게 정말 큰 도움이 됐어요. 카메라 워킹 연구하고 장면과 장면을 연결하는 일로 단련되다 보니……

전무후무한 '종합 예술인'이 아닌가 싶은데요.
그런가요? (웃음) 제가 〈젊음의 행진〉 MC를 보면서 동시에 피터 셰퍼의 연극 〈에쿠우스〉에서 알런 역을 했어

"거절할 수 있는 여건이 된다는 건
괭장한 행운이에요."

송승환

요. 둘 다 놓치기 싫었어요. 대중적인 감각을 익히는 것도, 연극이 지닌 해석의 힘을 배우는 것도요. 자장면도 짬뽕도 물냉면도 비빔냉면도 다 먹고 싶어 하는 스타일이에요. (웃음)

자의든 타의든 보통 자장면이나 짬뽕을 선택하게 되는데, 점점 더 융합하고 확장했다는 게 놀라워요. 비판하는 사람은 없었나요?

어릴 땐 연극을 하다 TV로 가면 돈에 미쳐서 그런다는 소리를 많이 들었어요. 저도 순수하게 연극만 해야 하나, 고민도 했죠. 그러다 결정을 내렸어요. 내가 하고 싶은 일을 하고 살자고.

유연하시군요.

유연하지 않으면 지금까지 이렇게 못했어요. (웃음) 올림픽 행사도 이왕 하려면 재밌게 그리고 감동적으로 만들자, 그것만 근본으로 두고 모든 걸 열어 뒀어요. 정구호나 손진책 연출이 했으면 또 그분들 색깔대로 잘 나왔을 거예요. (웃음)

공연을 보는 타깃은 어떻게 잡았습니까?

올림픽이 전국체전은 아니잖아요. 경기장 안의 3만 5천 관객이 아니라 전 세계에서 이 TV쇼를 볼 수십억 이상의 시청자들을 타깃으로 잡았어요. 소수 예술가에게 평가받는 자리가 아니라 아이부터 노인까지 남녀노소가 즐기는 쇼라고 생각했어요. 지식인도 보고 무학자도 보고, 첨단 아티스트도 감동하고 시골 아줌마도 신이 나야죠.

국가 행사인데 정권이 바뀌는 시기에 실무를 진행해야 했던 고충도 있었겠지요?
(웃으며) 무엇보다 돈이 없었어요. 예산이 턱없이 부족했어요.

베이징 올림픽의 10분의 1 수준인 600억이 배정된 예산이었다.

베이징도, 소치도 큰 행사는 주로 인력이 대거 투입되는 매스게임 형식인데, 사람을 쓰려면 돈이 어마어마하게 들어가요. 숙박, 체류, 운송 등등. 우리가 런던, 소치, 베이징 올림픽의 규모를 흉내 냈다면 망했을 거예요. (웃음) 오각형 원형 야외무대에 적은 인원을 세우는 대신 그 공백을 미디어아트로 활용해 채우자고 했던 게 신의 한 수였어요.

영화의 컴퓨터그래픽처럼 세트와 물량의 한계를 극복할 뿐 아니라 증강현실 체험, 카오스와 매트릭스의 미술적인 쾌감도 배가시킨 미디어아트가 큰 몫을 했습니다.
미디어아트는 소치올림픽 때부터 써 왔는데, 이번에 극대화했어요. 영상은 큰 공연에 이점이 많아요. 첫째, 방송 카메라가 위에서 찍으면 바닥이 공연의 배경이 되기 때문에 영상을 쏘는 게 대단히 효과적이에요. 둘째, 올림픽

송승환

공연은 일종의 비언어극이기 때문에 스토리 전달이 힘든데, 공연과 공연 사이에 준비된 영상으로 메시지를 전하면서 드라마를 끌고 갈 수가 있어요. 셋째, 악천후 등의 비상사태를 가정하면 공연은 힘들어도 영상은 쓸 수가 있어요.

어찌 보면 송승환의 인생 스타일이 멀티와 융합인 셈인데, 그렇게 된 계기가 있습니까?

저는 인생 내내 낚싯대를 여러 개 드리우고 살았어요. 어린 시절에 소년 가장이었기 때문에 늘 망해도 돈 벌 궁리를 했죠. 영화 섭외 안 들어오면 드라마 하고, 드라마도 없으면 MC라도 해야 했어요. 생존 방법이 늘 여러 장르에 몸을 걸치고 있는 거였죠. 그런데 가장 중요한 건 그게 재미있었다는 사실이에요. (웃음)

1985년 한창 잘나가던 청춘스타 시절에 갑자기 뉴욕으로 잠적한 이유는 뭔가요?

제가 84년에 처음으로 해외를 가 봤습니다. KBS 최초 해외촬영 드라마 〈불타는 바다〉를 찍으러 저와 김영철, 이경진 씨가 함께 바레인, 싱가포르 등으로 떠났죠. 저는 거기서 또 파리로 이동해서 원미경 씨와 이두용 감독의 〈낮과 밤〉 영화를 촬영했어요. 잘나가던 시절이었으니까요. (웃음) 스위스, 오스트리아까지 돌고 혼자 뉴욕에 갔어요. 연극하던 사람이 뉴욕에 가서 브로드웨이를 보고 문화 충격을 받은 거죠. 거기서 살고 싶더라고요. 그런데 서울에 와서 뉴욕 갈 궁리를 하고 있던 차에 또 아버지 사업이 망했어요. 쫄딱 망했죠.

20대 후반이었죠?

그렇습니다. 광고와 드라마로 그때까지 번 돈이 다 거덜이 났어요. 20대 후반에 알거지가 되고 나니 허무하기도 하고, 딱 일하기가 싫어지더라고요. 그때 다시 뉴욕 발동이 걸렸어요. 85년에 부모님 빚 다 정리하고 떠났죠. 드라마, 영화 섭외 다 거절하고서. 어린 나이였지만 이 나이에 돈 모으는 것보다 새로운 곳에서 많이 느끼는 게 재산이다 싶었어요.

그렇게 간 뉴욕에서 왜 좌판 깔고 시계 장사를 했지요?

하하하하. 돈이 없었어요. 집안이 거지꼴이 돼서 맨몸으로 갔으니 시계라도 팔아서 생활을 해야지요.

학교는요?

학교는 안 갔어요. 스쿨 오브 비주얼 아트에서 청강만 하고, 그냥 뉴욕 생활을 즐겼어요. 유명 대학 졸업장이 저한테 무슨 큰 의미가 있겠어요? 제가 고등학교 때까지 〈여로〉라는 드라마에 출연하고 대학은 외대 아랍어과를 갔어요. 거기도 중간에 그만뒀어요. 나중에 외대에서 명예 졸업장 주신다고 해서 감사히 받았어요. 개인적으로 크게 의미를 두지 않았는데 어머니가 졸업 가운에 학사모 쓴 사진을 보더니 펑펑 우시더라고요. "잘했다, 잘했다!"

재미를 추구하는 프로페셔널에게 슬럼프는 없다. 늘 망해도
돈 벌 궁리는 했다는 송승환. 명예나 권위보다는 재미를 추구하며
살았다. 연기도, 연출도, 사업도 재미있어서 한 일이었다.

하시면서. 부모님한테는 그동안 한이 되셨던가 봐요.

한국은 아직 학력 중심 사회인데, 그 고정관념에서 자유
로웠던 건가요?
무엇이든 제 판단기준은 딱 하나예요. 그 일이 최선을 다
할 만큼 재미있느냐. 오디션 볼 때 학력증명서 떼 가는
거 아니잖아요. (웃음)

작품 목록을 보면 〈얄개전〉(1969), 〈아씨〉(1970),
〈여로〉(1972)부터 김수현 작가의 〈목욕탕집 남자들〉
(1995~1996), 〈무자식 상팔자〉(2012), 인정옥 작가의
〈아일랜드〉(2004) 등 다양합니다. 연극은 안톤 체호프의
〈갈매기〉를 두 번 했더군요. 작품을 고르는 특별한 기준
이 있었습니까?
작품 고르는 기준은 두 가지예요. 하나는 그 역할이 하고
싶은지, 또 하나는 지금 돈이 필요한지.

가장 절실한 연기는 돈 필요할 때 나온다고 윤여정 씨도
그러더군요. (웃음)
그럼요. 얼마 전 한 신인 작가가 예술적 영감을 받을 기
대로 유명 작가들 모임에 갔더니, 다들 부동산과 주식 얘
기만 해서 놀랐다더군요. 버나드 쇼가 그랬어요. 은행가
들은 모이면 예술 얘기하고 예술가들은 모이면 돈 얘기
한다고. 예술가들에게 가난은 뼈가 저려요. 어느 화랑에
서 돈을 잘 주는지, 이번 달 방세는 냈는지……

〈난타〉 성공으로 돈 걱정에서는 벗어났지요?

〈난타〉가 엄청난 부를 가져다주진 않았지만 하고 싶지 않은 드라마를 거절할 수는 있게 됐습니다. 거절할 수 있는 여건이 된다는 건 굉장한 행운이에요. 이제는 프로덕션이 안정적으로 운영이 돼서 매달 월급을 받아요. 신기한 게 〈난타〉가 20년 됐는데 여전히 관객이 들어요. 명동, 제주도, 방콕에 전용 극장이 있는데 70~80프로는 객석이 차거든요.

〈난타〉는 국경을 초월해서 지속가능성이 높은 작품이에요. 브로드웨이에 진출하고 〈뉴욕타임스〉에서 호평도 받았을 때 뭉클했던 기억이 납니다. 어떻게 사물놀이 리듬을 요리와 비벼 이토록 흥 넘치는 아크로바틱 서커스를 만들 생각을 했나요?

젊은 시절에 3년 6개월간 뉴욕의 브로드웨이에 있었잖아요. 한 달 정도 있으면 몰랐을 텐데 3년 6개월을 있었더니 보였어요. 굉장히 수준 높은 작품도 있지만, 좀 후진 작품들도 행세를 하더라고요. 박지성 선수도 공감할 거예요. '외국 나가서 뛰어 보니 정말 잘 뛰는 선수도 있지만, 좀 못하는 놈도 연봉을 꽤 받네.' 글로벌한 곳에서 상황을 입체적으로 경험하니 겁이 좀 없어졌달까요. '내가 최고는 못 돼도 열심히 만들면 아주 못하는 놈들보다는 잘하겠다.' (웃음)

공연 환경도 한몫했어요. 한국 관객만 대상으로 해서는 수익 보장이 안 됐어요. 잘 만들어서 뉴욕, 파리에서도 올려야 하는데 그 답을 비언어극에서 찾았죠. 한국 사물놀이 장단을 활용했는데, 미국에서는 또 공연 제목이 〈Cookin'〉이에요. (웃음) 지금처럼 많은 아티스트들이 참여해서 아이디어를 보태 완성해 나갔어요.

스케일과 디테일 중 어느 것에 더 집중하나요?

처음에 큰 구성, 스토리는 제가 짜요. 이번에 평창 올림픽에서도 다섯 아이의 모험이라는 스토리를 고집했어요. 갖은 반대로 다섯 아이가 여러 번 실종됐다가도 결국 다시 돌아왔죠. (웃음) 디테일은 개별 아티스트에게 다 맡겨요. 최종적인 디테일은 또 제가 결정하죠. 방송 중계에서 어떤 앵글을 잡을지, 이 장면에 조명이 2~3초가 좋을지 3~5초가 좋을지……. 방송 중계는 또 제가 자신 있으니까.

좋은 리더인가요?

참견을 잘 안 하는 리더예요. (웃음) 콘셉트와 스케일에 동의하면 끝까지 믿고 맡겨요. 평창 올림픽 행사도 총감독은 저지만, 저 혼자 한 게 아니에요. 수많은 크리에이터들의 아이디어를 저는 순서만 배치했을 뿐이에요. 작곡가, 안무가, 의상, 미디어아트 등 여러 분들이 정말 열심히 해 주셨어요. 그 덕에 제가 이렇게 단독 인터뷰도 하는 거죠.

그런데 또 너무 열심히들 하니 충돌도 있었어요. 장르별로 제 각자 돋보이고 싶은 마음이 왜 없겠어요. 그 충돌을 또 제가 정리하고 해결해 나간 거죠. 개막식 연출가 양정웅과 폐막식 연출가 장유정이 중간 역할을 기가 막히게 잘했어요. 양정웅은 웃으면서 폭발 직전의 아티스트들을 달래고, 장유정은 눈과 바람과 안개에 빼앗겨 살인적으로 줄어든 폐막식 리허설 시간(불과 3일)을 악바리 정신으로 밀어붙였어요.

올림픽 공연 같은 큰 국제 행사를 만드는 리더에게 필수적인 능력은 뭐라고 생각하나요?
호흡이 잘 맞는 스태프를 꾸려야 하죠. 2년 6개월을 함께 준비하고 실행하면서 갈등이 없을 수가 없어요. 놀라운 건 올림픽이라는 세 글자가 갖는 힘이에요. 난파 직전에도 '그래도 올림픽인데, 평생 한 번 하는 건데……' 이런 마음이 서로를 일으켰어요.

동시다발적으로 터지는 문제를 해결하는 능력도 중요할 것 같습니다.
말씀드렸듯이 저는 인생이 동시다발이었어요. 중고등학교 때는 수업 시간에 대본을 외웠고, 분장실에서 시험공부를 했죠. 공연팀, 기술팀, 중계팀을 한번에 지휘하는 힘은 노력해서 된 게 아니에요. (웃음) 어려서부터 항상 머릿속에 서너 개 프로젝트가 멀티로 굴러갔어요.

성화대까지 쌓아 올린 30개의 굴렁쇠 오마주도 인상 깊었습니다. 88올림픽 지휘하신 이어령 전 장관이나, 베이

징 올림픽 행사 총감독인 장이머우 감독 등이 워낙 거물이라 부담을 느꼈을 법도 한데요.

부담이 왜 없었겠어요. 이어령 선생은 제일 먼저 찾아뵀어요. 조언을 많이 해 주셨어요. 당시엔 정권의 지휘하에 일사불란하게 치른 점도 있고 전통을 부각하는 게 비교를 당하지 않는 최선의 전략이었어요. 지금은 다르죠. 우리는 대중문화와 순수문화 모든 면에서 국제 경쟁력이 있으니 충분히 융합 공연을 기획할 수 있겠다고 생각했어요.

앞으로 꼭 해 보고 싶은 쇼나 공연이 있습니까?

많죠. 머릿속에 늘 그리고 있어요. 그런데 100여 명의 직원을 책임지는 주식회사(PMC프로덕션)를 운영하다 보니, 항상 수익을 생각해요. (웃음)

배우로서 아쉬운 점은 없습니까?

TV 드라마는 잊히잖아요. 제가 활동하던 80년대는 호스티스물이나 액션영화가 대부분이었어요. 전 오히려 TV 문학관 출연을 좋아했어요. 연극 〈에쿠우스〉는 두 번 했어요. 20대에는 소년 알런을 했고, 50대에는 정신과 의사 다이사트를 했죠. 박찬욱 감독의 데뷔작인 〈달은... 해가 꾸는 꿈〉(1992)에도 출연했고요. (웃음) 결국, 인생의 역작은 못 남겼어요. 지금이 끝이라고는 생각 안 해요. 노역의 세계가 남아 있으니까. (웃음) 어느 날 감독이 저한테 맞는 노인 배역을 주면, 또 그걸 잘해 보고 싶어요.

"무엇이든 제 판단 기준은
딱 하나예요.
그 일이 최선을 다할 만큼
재미있느냐."

좋아하는 예술가는 누군가요?

어릴 때는 제임스 딘과 말론 브란도에게 반했어요. 〈에덴의 동쪽〉, 〈욕망이라는 이름의 전차〉를 만든 엘리아 카잔 감독도 좋아했죠. 음악은 사춘기 때 들었던 송창식, 양희은이 여전히 좋아요.

슬럼프는 없었나요?

거의 없었어요. 배우에서 제작자로, 매니지먼트와 음반 제작자로 계속 몸을 바꿨으니까. 배우 섭외가 안 들어올 때 강수지 씨의 〈보랏빛 향기〉 음반을 제작했어요. 베이시스트였던 윤상이 작곡한 곡이죠. 그것도 〈가요톱텐〉이나 〈쇼특급〉 MC를 해서 시장을 읽은 덕이 커요.

모든 게 아름답게 끝난 이 시점에서 편안하게 던지는 질문인데, 송승환이 평창 동계올림픽 개폐막식 총감독에 뽑힌 이유가 뭐라고 생각합니까?

(빙그레 웃으며) 글쎄요. 처음엔 공모를 했잖아요. 저더러도 공모에 참여하라는 제안이 왔는데, 전 안 했어요. 공연계 대선배들과 경쟁 프레젠테이션을 해야 하는 상황이 제 정서로는 내키지 않았고, 올림픽은 우리 기획인데 심사위원들이 외국인들이라는 점도 못마땅했죠. 그런데 공모에서 마땅한 사람을 못 찾은 모양이에요. 선정위원회에서 결국 저한테 다시 의뢰를 해 왔어요. 저는 몇 년 전 장진, 임권택 감독이 인천아시안게임 연출하면서 고생한 걸 다 알아요. 칭찬보다는 욕 들을 확률이 높은 자리라

고민하다 결정했어요. '시켜줄 때 하자.' (웃음)

평창 올림픽 공연의 대대적인 성공 이후로 삶이 어떻게 달라질까요?

달라질 건 거의 없어요. 다시 배우로 돌아가 연기하고 공연을 만들겠죠. 저는 여섯 살 때부터 아역 배우를 해서 사진 찍고 사인하는 게 일상이에요. (웃음) 지금 당장은 올림픽 공연 만든 총감독이라고 "와~" 하지만, 지나면 또 잊히겠지요. (웃음)

인생에서 가장 잘한 것 세 가지만 말씀해 주시죠.

첫째, 대학을 그만두고 본격적으로 배우 활동을 한 것. 둘째, 세계 시장에 도전해야겠다는 생각으로 〈난타〉를 만든 것. 셋째, MB 정부 때 문화부 장관 제안을 거절한 것.

문화부 장관 자리는 왜 거절했나요?

정치계와 인연이 닿는 걸 경계했어요. 지금도 정치엔 관심이 없습니다. 만약 제가 어느 한쪽에 깊숙이 발을 담그고 있었다면, 정권이 바뀌는 이 혼란 속에 평창 행사를 제대로 이끌어 갈 수 없었겠지요. (웃음)

인생이 참으로 명료하군요.

재미를 추구하며 살았어요. 장관이 뭐가 재밌겠어요. 올림픽 개폐막 공연 맡아서 잘하는 게, 제 몫의 나라 사랑이에요. 국가 행사도 그렇지만, 〈난타〉 해외 공연을 본 교포

들이 제 손 잡고 한국인의 자부심을 느끼게 해 줬다 그러면, 저는 제 몫을 하고 사는가 보다 하는 거죠.

꿈이 있습니까?

없어요. 저는 복을 넘치게 받았어요. 벅찬 감정을 느낄 기회가 남보다 많았어요. 개막식 끝나고는 울었어요. 너무 고생한 스태프 생각이 나서. 그 추운 밤을 꼴딱꼴딱 새 가며, 그 희생을 제가 다 아는데 (울먹이며) 그게 희열로 오니까 주체를 못 했어요. 저는 그런 기회를 남보다 누렸으니 지금처럼 할 일 하며 살면 돼요. 앞으로 성공하든 못 하든. 비난도 받고 칭찬도 받고 하면서요.

기념사진을 찍고 싶어 주변에서 서성이던 남녀노소 인파를 그는 너그럽게 맞아 주었다. "멋진 공연을 만들어 줘서 고맙다"고 시민들은 실로 행복한 얼굴로 돌아갔다. 눈도 바람도 안개도, 밤하늘을 수놓았던 드론과 불꽃, 응원의 함성도 사라진 채 평창은 이제 조용히 일상으로 돌아가고 있었다.

(2018년 3월)

송승환은 내가 어릴 때 그야말로 톱스타 중의 톱스타였다. 그가 진행했던 〈젊음의 행진〉은 당대 최고의 쇼프로였고, 송승환은 MC로 이름을 날렸다. 그러던 그가 어느 날 시야에서 사라지더니 뉴욕에서 좌판 깔고 시계를 판다는 소식이 들렸다. 아! 하늘 높은 곳에서 비행기만 타던 사람도

바닥까지 추락하는구나, 혀를 찼던 기억이 난다. 그 후로
적당한 존재감으로 방송연예계에서 활약하던 그가 또 어느
날 〈난타〉 공연 제작으로 대박을 쳤다고 했다. 송승환의
'동시다발 역전 인생' 인터뷰로 그 의문이 모두 풀렸다.
망해도 늘 돈 벌 궁리를 했던 소년 송승환. 하지만 이왕이면
재밌게 하자는 마음으로 브로드웨이에서 청춘의 한 시절을
올인했다. 성공적인 도박이었다.

송승환의 인터뷰 기사는 한동안 장안의 화제였다. 평창
올림픽 특수도 있었으나 무엇보다 사람들은
대학 졸업장에도, 문화부 장관 자리에도 연연하지 않았던
그의 유쾌함과 대범함, 인생 내내 여러 개의 낚싯대를
드리우고 살았다는 방어적 유연함에 반했다. 재미가 삶의
동력인 프로페셔널은 꿈도 슬럼프도 없다. 오직 감사와
재미만 있을 뿐.

철학자 김형석

인격의 핵심은
성실성이에요

그가 자연사박물관 앞 카페에서 만나자고 했을 때, 이상한 기분이 들었다. 자연사박물관은 말 그대로 자연사(自然史, natural history)를 한눈에 알 수 있도록 전시한 장소지만, 동시에 사막의 지평선처럼 자연사(自然死)라는 아득한 어휘도 떠오르게 했다.

그는 단정한 푸른 티셔츠에 깨끗한 흰 모자와 점퍼를 입고 있었다. 키는 작았으나 앉은 자세도 선 자세도 소나무처럼 꼿꼿했다. 보청기, 보철 틀니, 지팡이 등 허물어지는 육체를 상징하는 어떤 보조물도 없었다. 46년을 쓴 나의 육체보다 97년을 쓴 그의 육체가 오히려 더 자연스럽고 어긋남이 없어 보였다.

한 세기를 살아온 한국 철학의 큰 산맥 김형석 연세대학교 철학과 명예교수. 97세의 '현역' 철학자는 매일이 바쁘다고 했다. 책상 위엔 매일매일 칸을 메워야 할 원고지가 기다리고, 일주일 단위로 강연 요청도 쇄도한다고.

노년을 앞둔 사람들을 위한 100세 인생 가이드《백년을 살아 보니》는 발간 2주 만에 1만5천 부가 팔렸다고 했다. 통계를 살펴보면 20대 독자도 50대 독자도 고루 100세 현자의 이야기에 귀 기울이고 있다고.

이 책에는 재혼 문제, 재산 증여 문제, 무엇을 먹고 어떻게 운동할 것인가에 대한 인생 선배의 경험담이 생생하다.

인생은 60부터라는 말이 맞습니까?

60은 돼야 창의적인 생각이 쏟아져 나옵니다. 그런데 '60에 어떻게 살까'는 40대에 정해야 해요. 지금은 다 떠났지만 내 동년배인 안병욱 교수, 김태길 교수, 김수환 추기경도 60~75세까지 가장 창의적이고 찬란한 시기를 보냈어요. 좋은 책은 모두 그 시기에 썼지요. 75세가 되면 그 절정의 상태를 언제까지 유지할 수 있느냐가 관건이에요. 잘하면 85세까지 유지가 되고 그다음엔 육체적인 쇠락으로 내려와야지요.

선생의 경우 60부터 시작된 절정이 30년 넘게 지속되고 있습니다. 97세까지 오리라 예상했습니까?

90까지는 예상을 했지만, 더 연장되고 있어요. 나이 드니 김태길 교수는 이야기의 맥을 놓치고, 안병욱 교수는 귀가 나빠지더군요. 내가 겪어 보니, 눈, 귀 중에 선택하라면 듣는 걸 택하겠어요. 앞을 못 봐도 철학자나 시인이 되지만, 듣지 못하는 사람 중에 사상가가 나온 적은 없지요. 다행히 나는 지금도 보청기를 안 써요.

1920년 평안남도 대동에서 태어난 김형석 교수는 일본 상지대(上智大) 철학과를 졸업하고 연세대 철학과에서 30여 년을 가르쳤다. 서울대 김태길 교수, 숭실대 안병욱 교수와 함께 대한민국 철학 1세대로 지성사를 이끌었다. 논리로 파고드는 철학자였지만 동시에 피천득을 잇는 서정적인 수필가이기도 했다.

그는 60세에 뇌출혈로 쓰러져 눈만 깜빡이며 자리에 누운 부인을 23년 동안 차에 태워 돌아다니며 세상을 보여 주고 맛난 음식을 입에 넣어 주었다. 상처한 지 10년이 넘었지만, 그는 부인의 손때가 묻은 낡은 집에서 홀로 지낸다.

가장 큰 문제는 무엇입니까?

고독이지요. 90이 넘으면 친구가 사라집니다. 아내도 가 버리지요. 세상이 텅 빈 것 같아요. 어머니와 아내가 살아 있을 때 각각 이쪽 방 저쪽 방에 몸져 누워 있었는데, 어머니가 눈을 감기 전에 그러시더군요. "나도 가고 네 처도 가면 집이 텅 빌 텐데 네가 빈 집에서 어찌할꼬?" 은근히 재혼을 권유하셨던 것인데, 그때는 몰랐어요. 젊을 적에 집은 어머니고, 나이 들어 집은 아내인데, 다 떠나고 나니 LA에 있는 딸 집에 있다 서울행 비행기를 타도 "서둘러 가면 뭐하누? 기다리는 사람도 없는데" 그런 생각이 들어요.

그래서 저는 고독을 이기기 위해 80이 넘은 제자들과 만납니다. (웃음) 함께 영화도 보고 식사도 하지요. 고마운 건 교육자는 원래 씨를 뿌리고 그 덕은 사회가 보는 것인데, 오래 살다 보니, 그 열매 맺은 것을 제가 보고 누린다는 거지요.

현재의 삶에 만족하십니까?

조금 더 일찍 깨달았더라면 재혼을 했을 텐데. (웃음) 최선을 다하고 있고, 더 이상 바라는 게 없으니 만족하지

284

요. 만족의 원동력은 일이에요. 잠자는 것, 먹는 것 빼고
는 일에만 집중해요. 다음 주에도 열흘 동안 내리 강의가
잡혀 있어요.

97세에도 쉬지 않는 이유는 무엇입니까?

내 나이쯤 되다 보면 가정이나 사회에서 버림받지 않기
위해서는 두 가지가 필요해요. 하나는 일을 할 수 있어야
하고, 또 하나는 사소한 것이라 해도 존경받을 만한 점이
있어야 해요.

나는 아들 딸 손주들과 식당에 들어갔다 나올 때 꼭
우리 때문에 늦게 퇴근해서 미안하다, 좋은 음식 대접해
줘서 고맙다는 말을 합니다. 버스나 택시를 타고 내릴 때
는 "수고하십니다, 감사했습니다"라고 하지요. 가끔 팁도
드려요. 그런 행동은 손주들에게 좋은 본이 되고, 수고로
운 일을 하는 분들에겐 직업의 의미를 찾아 주게 돼요.

청년 시절 저도 식당 웨이터나 가벼운 노동을 해 보
았는데, 그때 내 인격과 직업을 소중히 대해 주는 사람
덕에 자존감을 잃지 않았습니다. 옷 한 벌 입는 것도 그
래요. 아내가 20년 넘게 병중에 있다 보니, 매무새가 추
레해질 수 있어요. 언젠가 한 후배 교수가 옷차림을 지적
해 줘서, 그 뒤로는 더 깨끗하게 챙겨입으려고 해요. 그
래야 사회가 더 아름다워지지요

따님에게 이런 말씀을 했다고 들었습니다. "인간은 이
세상에 인내 하나 배우러 오는 것 같다." 어떤 뜻입니까?

수많은 역경을 거치면서 여섯 아이들을 키워 냈는데, 그동안 불만을 터뜨리거나 화를 내지 않았어요. 어떤 상황이든 자제하는 마음을 유지했다는 걸 알려 주고 싶었어요. 다들 어떻게 여섯이나 키웠나 신기해하지만, 나무가 아니라 숲으로 자라니 좋은 점이 많았지요. 강아지 여섯 마리를 키워도 방향만 잘 정해 주면 저희들끼리 알아서 가는 것과 같은 이치예요. (웃음) 욕심내지 않고 착하고 아름답게 사는 모습을, 아내가 잘 보여 줬어요. 아내는 유능하진 않지만 감정이 아름다워서 다른 사람들에게 행복을 많이 안겨줬어요.

노년의 사랑에 대해서는 어떻습니까?
젊어서는 연정이고 애들 키우면서는 애정이고 75~80쯤 되면 인간애로 변해요. 모든 여성을 대할 때 자연스럽고 부담이 없지요. 20년 아내를 간병했더니 주변 남자들이 "김 선생 때문에 우리가 부담 느껴요" 그래요. 그러면 "직면해 보세요"라고 말합니다. (웃음) 23년이 5년처럼 후딱 갑니다. 늙어서 인간애로 가지 못하면 탑골공원의 노인들처럼 노욕에 괴로울 뿐이지요.

그는 청년 시절, 고향 근처를 찾아온 북한의 김일성과도 만나 반나절가량 대화를 한 경험이 있다고 한다. 공산 치하를 피해 맨몸으로 월남한 후 질곡의 현대사를 겪었다.

일제시대부터 6.25전쟁과 민주화 시기, 글로벌 경제 위

"인격의 핵심은
성실입니다."

기까지 온몸으로 한국 근현대사를 겪으셨는데, 소년기와 청년기에 특별히 더 기억나는 일이 있으신가요?

오늘도 원고 한 편을 끝냈는데, 신사참배에 관한 글이에요. 나는 평양의 숭실중학교를 다녔는데, 그때 윤동주 시인과 함께 학교를 다녔어요. 윤동주 시인은 신사참배를 할 수 없다고 만주 용정으로 떠났어요. 당시에 교장 선생님이 교회 장로셨는데, 학교를 폐교할 수 없어서 아이들을 이끌고 가장 먼저 참배를 했어요. 그분이 돌아서면서 흘리던 눈물을 잊을 수가 없어요. '아! 우리를 위해서 이분이 십자가를 지시는구나' 덩달아 눈물이 났지요.

가장 큰 스승으로 누구를 꼽으십니까?

도산 안창호 선생과 인촌 김성수 선생이십니다. 도산 선생은 감옥에 계시다 돌아가시기 한 해 전에 가석방이 되셔서 고향으로 오셨어요. 내가 살던 동네의 옆 동네였지요. 덕분에 도산 선생의 마지막 연설을 들었어요. 열여덟 살 때였는데, 오로지 나라 걱정밖에는 없었던 모습이 아직도 생생합니다. 스물일곱 살엔 중앙학교 교사로 일하면서 인촌 김성수 선생에게 많이 배웠어요. "아첨하는 사람을 멀리하라. 동료 비방하는 사람을 가까이 두지 말아라. 편가르는 사람을 믿지 말아라." 선생의 말씀이 그 뒤로 구체적인 인생 지침이 됐지요.

30년간 일주일에 세 번 수영하고, 정초엔 송추의 북한 음식점에 가서 고향을 생각하며 평양냉면을 드신다고 알고

있습니다. 그 밖에 고집처럼 지키는 습관이 있습니까?

신앙이라는 습관을 갖고 있습니다. 나는 가정환경으로 일찍 기독교도가 되었어요. 철학을 공부하러 일본 유학을 떠났는데, 부산에서 연락선을 타고 일본 시모노세키에 내렸어요. 그때 망망한 바다 뱃길을 지나면서 이쪽에서 저쪽까지 파도가 쳐도 내가 빠지지 않도록 밧줄 같은 게 달려 있다고 느꼈어요. 그게 바로 신앙이었죠.

철학자이면서 진보적인 신앙인입니다. 어려서부터 평양의 교회에서 자랐지만, 철학을 공부하고 나니 신학으로 건너갈 수 없었다고 했지요. 프로이트 얘기를 하면서, 우리나라 목사들이 성경은 알지만 인간은 모른다는 취지로 하신 말씀도 인상적이었어요. 그렇다면 인간을 아는 것이 철학입니까?

철학은 인간에 대해 알려 주지만, 인간이 처한 문제는 해결을 못 해 줍니다. 그러면 종교가 해결을 해 주느냐? 아닙니다. 나는 그 답을 예수에게서 찾았어요.

안병욱 선생과 내가 경험을 통해 내린 결론은 인격의 핵심은 성실이라는 겁니다. 성실하게 살면서 가장 높은 경지에 이른 사람은 공자예요. 공자는 성실한 윤리학자였어요. 하지만 공자는 영원성, 내세의 문제, 인생의 참다운 자유와 행복에 대한 문제 해결은 못 내렸어요. 그것은 종교의 영역입니다. 그런데 신앙을 가지려면 성실성에 경건성이 더해져야 합니다.

성실한 사람은 악마가 건드리지 못합니다. 유혹을 받

한국 철학계의 1세대 교육자이자 베스트셀러 수필가인 연세대학교 철학과 명예교수 김형석. 100세를 눈앞에 둔 '현역' 철학자는 매일이 바쁘다고 했다. 책상 위엔 매일매일 칸을 메워야 할 원고지가 기다리고, 일주일 단위로 강연 요청도 쇄도한다고.

는 것은 성실하지 못하기 때문이지요. 그렇다면 경건이
란 무엇이냐? 호수가 잔잔해야 달 그림자와 별 그림자를
볼 수 있어요. 그 잔잔함이 바로 경건이지요. 철학자 가
운데 가장 성실한 사람은 칸트였어요. 칸트는 신을 받아
들이진 못했지만, 신이 있는 사회를 희망했습니다.

　내 친구 김태길 교수는 말년에 딸을 슬프게 잃었어
요. 그런데 철학자이자 윤리학자인 그분의 슬픔을 철학
과 윤리가 해결을 못 해 줍니다. 그분도 결국 신앙으로
돌아왔지요. 그때 그는 성실이 아닌 경건을 받아들인 겁
니다. 더 높고 영원한 것을 말이지요.

기독교 환경에서 자랐지만, 교회가 아닌 예수를 따른다고 말하는
김형석. 2015년, 그는 예수의 행적에 관한 치열한 탐구를
바탕으로 명저 《예수》를 출간했다.

철학과 신앙의 경계는 성실과 경건의 경계입니까?
같은 듯 다른 그 경계선에 있지요. 철학자는 결국엔 두
부류예요. 운명론자 아니면 허무주의자입니다. 니체는
운명론자였어요. 태양이 서산에 지는 것처럼 운명에 맡
기라는 거지요. 나는 운명도 허무도 아닌 섭리를 받아들
였어요. 섭리란 내가 모르는 제3자가 나를 이끄는 것을
느끼는 겁니다.

**철학자 버트란드 러셀은 《나는 왜 기독교인이 아닌가》라
는 책을 쓰기도 했습니다. 종교가 비합리적이고 지적으**

291

로 부정직하며 나약한 선택이라는 추론이지요.

서울대학교 박종홍 교수는 대한민국 1세대 철학자로 여전히 가장 존경받는 지성인입니다. 그분은 지성 성, 이룰 성, 거룩할 성의 3단계를 이야기하며, 이 길이 철학에서 종교에 이르는 길이라고 했지요. 내가 살아온 나날을 훑어봐도 내 선택이 아니라 섭리가 있었다는 것을 나는 압니다. 철학자가 도달한 신앙은 목사나 신부의 신앙과는 다릅니다. 몇십 년을 학문적으로 두드린 후에 내린 결론이지요. (웃음)

괴테는 어떻습니까?

괴테는 인류 역사상 가장 똑똑한 사람입니다. 역사적인 인물의 IQ를 추정한 콕스 아이큐 지수(Cox IQ)에 의거해서 아인슈타인을 훨씬 앞질렀지요. 그는 회의주의자였지만 희망을 버리지 않았지요.

지혜의 상징인 솔로몬은 어떻습니까?

솔로몬은 유신론적인 허무주의자였습니다. 솔로몬과 괴테는 많은 면에서 서로 통하고 있어요.

중요한 차이는 무엇인가요?

신앙을 가진 사람은 겸손하고, 겸손한 사람이 경건해질 때 받아들이는 것이 사랑입니다. 동국대학교 교수였던 불교학자 이기영 박사는 천주교도였다가 불교신자가 됐어요. 이유를 물었더니, "석가의 마음이 예수보다 넓더라"고 하더군요. (웃음) 예수는 헤롯 왕을 일컬어 여우 같은 놈이라고 욕도 했다면서요.

석가와 예수의 차이는 한 가지예요. 석가는 현실 세계의 정치, 경제, 질병, 가난으로 고생하는 사람에게 공감했으나 그들의 삶에 깊이 동참하지 않았어요. 예수는 로마 시대에 살면서 버림받은 사람에게 들어가 정의와 사랑을 함께 실천했지요. 예수는 우리를 사랑했기에 십자가를 질 수밖에 없었던 겁니다. 그래서 진정한 크리스천은 사회를 떠날 수가 없어요.

슬플 때는 언제인가요?

수다 떠는 남자는 슬프지 않아요. (웃음) 다만 괴로울 때가 있어요. 사람들이 나라를, 민족을, 더 깊이 사랑하지 못할 때 답답해요. 나는 지금도 대전 현충원이나 광주 망월동에 가 보곤 해요.

아내로 인해 눈물을 흘리진 않았습니까?

내 아내가 뇌출혈로 쓰러져 누운 지 2년쯤 됐을 때였어요. 강의 끝나고 창밖을 보는데 왠지 모르게 슬퍼져서 눈물이 났어요. 23년 동안 그때 한번 울었어요.

연세대학교 백낙준 전 총장이 "김형석 교수는 대한민국에서 논리적이고 설득력 있게 철학 강의 잘하기로 둘째 가라면 서러운 분이다"라고 했지만, 기실 대중들에겐 정서가 풍부한 수필가, 종교 사상가로 더 많이 사랑받았습

김형석

니다. 정체성에서 혼돈은 없으셨나요?

하나로 규정할 수가 없었어요. 철학 교수도 아니고, 수필 가도 아니고, 종교인도 아닌, 그냥 나답게 살았던 거죠. 철학자로서는 칸트에서 헤겔, 키에르케고르까지 독일 관념론을 연구했어요. 논리적인 이론 철학과 윤리적인 실천 철학을 정리해서 65세 정년 퇴직한 이후에는 6~7년 동안《윤리학》,《역사철학》등 철학책을 많이 냈어요.

그런데 사람들은 내 책 중에서《예수》같은 종교서적이나《고독이라는 병》,《영원과 사랑의 대화》등 수필을 좋아하더군요. 피천득 선생 이후 수필 문학의 맥을 이끌어 왔다고 하면서요. (웃음) 나도 철학을 연구했지만, 정작 내 문제 해결에 도움을 준건 도스토옙스키의《카라마조프의 형제들》이었답니다.

1960년대부터 쓰신《고독이라는 병》,《영원과 사랑의 대화》등의 에세이는 한 해 60만 부가 넘게 팔리며 출판계 기록으로 회자되고 있습니다. 잘 쓰기 위해 어떤 노력을 하십니까?

매일 밤 기나긴 일기를 써요. 문장이 잘 연결되게 하기 위해서요. 재작년, 작년의 일기장을 꺼내 2년간 무슨 일이 있었나 읽어 보고, 그 시간을 연결 지어서 오늘의 일기를 쓰는 식이에요. 문장력이 약해지면 안 되니까 계속 훈련을 해요.

그런데 재작년 오늘의 일기를 읽어 보니, 함께 살았던 가정부가 "선생님, 자식들이 안 좋아할지 모르지만, 지금이라도 재혼을 하세요" 그랬더군요. 70 넘은 할머니가 7~8년간 나를 관찰하면서 그렇게 인간적인 조언을 해 준 거예요. (웃음)

천국은 어떤 곳입니까?

누구도 모릅니다. 천국은 중요하지 않아요. 삶의 의미와 가치를 아름답게 남길 수 있느냐까지만 우리 문제입니다. 나머지는 종교인들의 문제지요. 내가 다니는 감리 교회의 조창환 목사가 미국에 있다가 한국에 와서 목사 시험 볼 때 떨어질 뻔했다고 해요. 교리 시험에서 "천당과 지옥을 믿느냐?"는 문제가 있었는데 "성격과 형태는 모르지만 천국은 있을 겁니다. 하지만 사랑이 많으신 하나님이 지옥은 만들지 않았을 것 같습니다"라고 했다가 떨어졌대요. 나중에야 조 목사의 겸손함을 보고 다시 붙여 줬다고 하더군요.

천국, 지옥, 연옥은 쉽게 얘기할 수 없어요. 지나치게 거론하는 일이 오히려 비종교적이지요. 다만 문제는 우리 사회는 모든 종교가 너무 샤머니즘적인 기복신앙이라는 데 있어요. 기독교가 그것을 극복하려고 하지만 쉽지 않아요. 가령 목사가 고통받는 교인을 위로할 때 "하나님의 뜻이다"라고 단정하는 건 기독교가 아니에요. 그게 팔자소관이나 운명론과 무엇이 다릅니까? 그건 섭리가 아니지요.

복 받기 위해 종교를 갖는 것은 아닙니다. 모두 자기 그릇만큼의 신앙을 가질 뿐이지요. 내 아내가 살았을 때,

"가정이나 사회에서
버림받지 않기 위해서는
두 가지가 필요해요.
하나는 일을 할 수 있어야 하고,
또 하나는 사소한 것이라 해도
존경받을 만한 점이 있어야 해요."

딸들이 "엄마는 졸기만 하면서 왜 교회를 가?" 하고 물었어요. 아내는 "난 설교 시간에 졸아도 사랑하는 건 남을 위해 주는 거라는 건 알아!"라고 답했어요. 현답이지요.

기독교에서는 장수를 큰 복으로 여깁니다. 실제로 장수하니 행복하신가요?

나이 드는 건 경계선을 넘어가는 일이에요. 내가 지금도 강의를 하니, 80이 넘은 제자들이 다시 들으러 와요. 처음엔 97세 노인이 어떻게 하나, 구경하는 셈 치고 왔다가 학교에서 배울 때보다 더 새롭다고 해요. 그러면서 "선생님 120살까지 사실 거예요" 합니다. 그럼 "내가 지금 얼마나 힘들게 사는데 20년이나 이 고생을 더 하라고?" 그래요. 남들은 모르죠. 내가 지팡이 없이 걷기 위해, 이 나이에 강의 준비하기 위해 매일매일 얼마나 노력하는지요.

높은 산을 넘으니, 내가 산 넘는 게 쉬울 것 같지만, 그렇지 않아요. 고통은 아니지만 엄청난 노력이 필요하지요. 아들 딸도 그 외로움을 몰라요. 오로지 곁에서 오래 살던 가정부만 알지요. (웃음)

꿈이 있으십니까?

꿈은 미래지요. 내 안에는 미래보다 현재만 가득합니다.

선생과 대화를 나누다 보니 인간의 본질은 노력하는 존재가 아닌가 합니다.

구체적으로 말하면 인간의 핵심은 '희망이 있고 창조하

는 존재'라는 겁니다.

97세 현자의 목울대에서 나오는 어휘는 논리와 운율의 짝을 찾아
아름다운 문장을 만들어 갔다. 달고 시원한 지혜는 먼 곳에서
지저귀는 새소리나 모래 위에 부서지는 파도 소리처럼 들렸다.
초롱초롱한 눈빛으로 '희망과 창조'를 전하는 노인 앞에 섰자니,
시간이 흐를수록 그는 젊어졌는데, 나는 어쩌자고 두 손 놓고
늙기로 했던가 부끄러움이 밀려들었다.

(2016년 8월)

최근 김형석 교수와 통화를 했다. 그 목소리가
쩌렁쩌렁하고 힘이 넘쳐서 깜짝 놀랐다. 그는 99세가 되던
여름,《행복 예습》이라는 책도 출간했다. 과연 인격의 핵심은
성실성이며, 성실한 사람 곁엔 감히 악마도 저승사자도
가까이 가지 못한다는 말이 실감났다.

우리는 그렇게
나이 들지 않습니다

노인의학자 마크 E. 윌리엄스

우리는 모두 처음 늙는다. 성경의 기록에 따르면 노아의 대홍수 이후 인간이 무병장수하여 자연사할 수 있는 연령은 120세 전후다. 그러나 단순히 오래 산다는 것이 무슨 복이랴. 돌처럼 생명 없이 매달린 채 억지로 24시간을 도는 것이 아니라, 제대로 생명의 힘을 느끼며 사는 것이 모든 인간의 꿈이다. 그래서 100세 시대를 앞둔 우리는, 매일매일 조금씩 죽어 가는 노인이 아닌 위엄 있게 삶을 증거하는 노인을 보고 싶다.

기록에 따르면 갈릴레이도 자신의 최고 저서 《새로운 두 과학》을 72세에 썼으며, 건축가 프랭크 로이드 라이트는 92세에 사망할 때까지 구겐하임미술관 건축에 매달렸다.

어떻게 하면 이들처럼 건강하게 나이 들 수 있을까? 생산적이고 우아한 모습으로 말년에 다가갈 방법은 무엇인가? 마크 E. 윌리엄스와의 인터뷰는 이 질문에 답을 찾기 위한 여정이었다.

그는 "노년의 행불행은 자기 하기 나름"이라며 "습관이 주는 편안함의 유혹을 이기고 잘 늙기 위한 일에 투자하면 뿌린 대로 거둘 것"이라 했다. 윌리엄스 박사는 노스캐롤라이나 대학의 의대 교수로 40여 년간 노인 임상을 다뤄 온 세계 최고 노인학 권위자다.

《늙어감의 기술》에서 그는 "노인은 다 비슷하다, 노인은 섹스에 관심이 없다, 학습능력이 떨어지고 깜빡깜빡한다" 등등의 익숙한 편견을 정면으로 반박한다. 생물학, 심리학, 문화적 차원에서 늙고 죽는 전 과정을 포괄하는 통찰력에 시몬느 드 보부아르의 에세이 《노년》의 이미지가 오버랩됐다.

늙는다는 것은 무엇인가요?

늙음이란 기관계가 가진 비축분과 자가복구능력이 꾸준하게 침식되는 것을 말합니다. 어떤 임계점에 도달하면 우리 몸은 사소한 문제도 극복할 수 없어 짧은 시간 안에 죽음을 맞지요. 질병이 없는 상태에서 이루어지는 정상적인 노화는 놀랄 정도로 부드럽습니다.

혹시 선생도 '늙었다'고 느끼는 순간이 있었습니까?

직계 가족 중 내가 제일 연장자라는 것을 깨달았을 때 놀랐습니다. 하지만 '지금 늙었다고 느끼는가'라고 묻는다면 아닙니다. 숫자만 좀 늘어났을 뿐이죠. 노화란 사실상 허상에 불과해요. 다른 사람의 눈에 늙어 보이기 시작하면 우리는 서서히 자신이 늙었다는 사실에 설득당하죠. 다행히 저는 아닙니다. (웃음)

하지만 사람들은 늙는 걸 두려워하지요.

청동기시대 기대수명은 18세였어요. 로마시대는 35세였어요. 인류 역사상 처음으로 우리는 80세를 넘는 장수를 누리게 됐어요. 그런데 이것을 축복으로 여기는 사람이 드물어요. 다들 늙은 상태가 한없이 길어질까 봐 두려워하죠. 노인들은 자신이 지닌 잠재력에 대해서 잘 모르고 있어요. 저는 임상의로서 오랫동안 노인들을 진료하고 연구해 왔어요. 그들은 눈을 감는 그날까지 충만하고 생산적인 삶을 살 수 있어요. 의학적으로 보면 노화엔 놀랄 만큼 긍정적인 진실이 있답니다.

40여 년 동안 어떤 노인들을 만나셨습니까?

평균 나이 83세의 다양한 노인들을 만났어요. 근육은 축 늘어졌어도 눈에 총기가 넘치는 분, 뼈마디는 삐걱거려도 기억력은 젊은이를 능가하는 분도 있었지요. 비참한 삶을 이어가는 사람도, 즐거운 삶을 누리는 사람도 있었습니다. 다행히 저는 제게 큰 영감을 주는 노인들을 많이 알고 지냈어요. 죽기 전 마지막 날까지 일하고 즐기고 미소를 잃지 않은 분들이었습니다.

노인에 대한 편견 중 특히 바로잡고 싶은 것은 있습니까?

"나이에 비해 젊어 보이시네요" 같은 가식적 접근은 삼가세요. 젊음의 활력을 유지하는 것이 행복한 노년이라는 생각은 착각입니다. 노인이 청년보다 불행할 거라고 믿는 공중의 믿음부터 바꿔야 해요. 늙는 것은 추락이나 쇠퇴가 아니라 정점을 향해 더욱 성장해 가는 과정이에요.

선생의 아버지는 장수했습니까?

전직 외무부 직원이었던 제 아버지는 103세의 나이에도 국제 외교에 관한 책을 집필하셨어요. 5년 동안 매일 아침 두 시간씩 휴대용 수동 타자기로 원고를 쓰셨죠. 젊은 시절 흥미를 느꼈던 분야를 기반으로 생산적인 활동을 이어가셨어요. 대부분 늙는다고 할 때 정신기능 장애를 가장 두려워합니다. 하지만 이는 근거가 없는 두려움입니다.

전문가로서 단언컨대 나이가 들수록 우리는 창조적

"만약 나이 들어서 총기가 떨어졌다면
필시 사고가 편협해졌기 때문입니다.
습관에 매달려 살기 때문이죠."

마크 E. 윌리엄스

감수성과 지혜가 더 깊어지면 깊어졌지 줄어들지 않아요. 제 아버지야말로 말년에 더욱 창조성이 깊어지셨지요. 위대한 철학자인 몽테뉴도 나이 들면서 더욱 심오하고 독창적인 수필을 썼어요. 그가 자신이 정점에 올랐다고 생각했을 때는 자신이 약해지고 있다고 느꼈을 때였습니다.

특별히 "나이가 들수록 점점 더 독특해진다"는 말이 무척 충격적으로 다가왔습니다. 우리 사회는 노인들이 비슷한 옷을 입고 비슷하게 시간을 보낸다는 통념에 사로잡혀 있습니다.

'독특하다'는 것은 긍정적인 의미도, 부정적인 의미도 아닙니다. 우리들 각자는 자연스럽게 나이가 들면서 더욱 독특해지고, 차별화되죠. 노인들은 점점 서로를 덜 닮게 됩니다.

나이 들수록 개성이 더 강해진다고요?

그래요. 나이 들수록 우리 각자의 사랑스러운 부분과 불완전한 부분이 더 강하게 돌출됩니다. 오히려 비슷비슷한 젊은이들보다 훨씬 다양해지죠. 사람마다 노화의 속도도 다 제각각이죠. 노인의 독특함은 오랜 시간을 견딘 대가로 운명이 주는 보상이에요. 성격 면에서나 육체 면에서나 더 개인화된 노인들 덕에 제 진료도 거의 맞춤형으로 진행되고 있어요. 약의 반응도 제각각이고, 질병에 따른 육체적 심리적 처방도 다 다르거든요.

고령화 사회가 되면서 공공의료비의 많은 부분도 노인층에 쓰이겠지요?

보건의료 역사를 통틀어 지출이 가장 큰 항목은 나이와 상관없이 그 사람이 마지막으로 앓는 질병이었습니다. 노인의 의존 상태가 길어지는 것은 노화 때문이 아니라 질병 때문이에요.

나이 든다고 해서 학습 능력이나 창의성이 떨어지지 않는다고 했는데, 중년인 저조차 젊을 때 비해 총기가 떨어진다고 느끼는 건 왜일까요?

80세 노인 중 정상적 인지기능을 가진 사람이 절반이 넘어요. 만약 총기가 떨어졌다면 필시 사고가 편협해졌기 때문일 거예요. 그건 습관에 매달려 살기 때문입니다. 습관이란 어제라는 틀을 이용해서 오늘의 곤경에 대처하는 방식이지요. 습관에 의지할수록 예측불허 상황에 대처하는 뇌의 회복탄력성이 떨어집니다. 과거에 매달려 자기 삶을 백미러를 통해 경험하려는 습관을 멈추세요. 총기를 유지하기 위해 노인도 낯선 상황을 피하면 안 됩니다.

기억력을 좋게 할 방법이 따로 있을까요?

불필요한 기억을 줄이세요. 정직하게 행동하면 기억해야 할 것이 훨씬 줄어듭니다. 서로 모순되는 이야기를 억지로 짜 맞추려고 애쓸 필요가 없어서죠. 모든 이치가 그렇듯 기억력은 소홀히 할수록 점점 더 나빠집니다. 자주 사용할수록 좋아지죠. 짧은 시를 암기해 2주 정도 매일 그 시를 암송해 보세요. 암송할 만한 아름다운 시는 넘쳐납니다. 낯선 사람을 만나서 소개받으면 이름을 그 자리에서 따라 해 보고 대화 중에 자주 사용하세요.

그는 인생의 어느 단계에 도달하면 수명 연장보다 기능을 유지하고 의존성을 최소화하는 것으로 생활패턴을 바꾸는 것이 옳다고 말한다.

노인이 되면 섹스에 관심이 없다는 것도 편견인가요?
미국 성인 대상 설문조사에서 65세 이상의 남성의 4분의 3, 그리고 여성의 70퍼센트가 현재의 성생활이 40대 때만큼 혹은 그 이상으로 만족스럽다고 답했어요. 물론 섹스에 관한 진짜 비밀은 사랑이 넘치는 안정적인 인간관계를 유지하고 있느냐겠지요.

노인이 되어서 우울감과 박탈감이 깊어지는 분들도 많습니다.
그건 역설적으로 한 인간으로서의 자존심을 죽을 때까지 유지하기를 바라서죠. 그렇다면 노년의 자존심은 어디서 구해야 할까요? 우리는 살아왔던 시간만큼 오래 죽은 상태로 기억될 거예요. 당신은 살아 있는 동안에 당신의 평판을 위해 뭔가를 할 수 있어요. 본질적으로 자신의 영혼을 위해, 더불어 타인의 삶을 위해 사심 없이 봉사에 뛰어들어야 합니다.

한국에서는 늙으면 약으로 지탱한다는 말이 있습니다. 그런 문화에서 비타민제가 과용되고 있다는 지적은 충격적이었습니다. 비타민 신봉은 그릇된 신념인가요?

대부분의 노인은 영양 보충제를 복용할 필요가 없습니다. 그보다는 균형 잡힌 식단이 필요하죠. 굳이 먹고 싶다면 미네랄이 함유된 종합비타민제 하나 정도면 충분해요. 약이란 이로우면서도 부작용도 심한 양날의 칼입니다. 저는 환자들에게 건강보충제를 줄이라고 충고하지만 의존하는 분들은 여전히 많더군요.

질병을 막고 건강하게 늙으려면 어떻게 먹어야 합니까?

장수를 촉진하는 단 하나의 식습관이나 이상적인 끼니 구성은 없어요. 생선과 과일 채소를 먹는 지역이 장수하는 경향이 있고 배부르게 먹는 사람보다 가볍게 자주 먹는 사람들이 건강하게 늙는다는 통계는 있어요. 조언하자면 마트에 갈 때 돋보기를 가져가서 지방에서 나오는 칼로리가 30퍼센트가 넘는 식품은 줄이는 게 좋습니다.

선생의 식단 중 권하고 싶은 것이 있습니까?

섬유질을 챙겨 드세요. 나이 들수록 내가 먹는 것이 내가 되는 것이 아니라 내가 소화하는 것이 내가 됩니다. 접시의 반은 과일과 채소로 채우세요. 견과류는 불포화지방, 마그네슘, 구리 성분을 풍부하게 지니고 있으니 하루 4분의 1컵 정도 꼭 먹는 것이 좋습니다. 하루에 2리터 정도의 물을 마시는 것도 잊지 마세요.

윌리엄스 박사는 노스캐롤라이나 대학의 의대 교수로 40여 년간 노인 임상을 다뤄 온 세계 최고 노인학 권위자다. 그는 "노년의 행불행은 하기 나름"이라며 "습관이 주는 편안함의 유혹을 이기고 잘 늙기 위한 일에 투자하면 뿌린 대로 거둘 것"이라 했다.

정상이나 마른 사람보다 살짝 비만인 사람이 사망률이 낮다는 게 사실인가요?

맞습니다. 나는 내 환자 중에 누가 체중이 줄기 시작하면 걱정이 앞섭니다. 보험회사에서 낸 보험통계표엔 살짝 과체중(이상적인 체중에서 10~20퍼센트를 넘지 않는 범위)인 사람이 저체중인 사람보다 더 오래 산다고 나옵니다. 50~70세 미국인 중 지난 2년 동안 체중이 줄어든 사람이 줄지 않은 사람보다 사망 확률이 더 높았어요.

일본과 마찬가지로 한국도 고령사회에 접어들고 이를 심각한 사회문제로 받아들이고 있습니다. 노화에 대한 긍정적인 교육과 더불어 가장 필요한 것은 역시나 은퇴자들을 위한 좋은 일자리가 아닐까요?

노인에게 일은 중요합니다. 자기인식, 자부심, 사회적 지위 등등 일이 주는 만족은 대체할 수 없어요. 하지만 은퇴 후에도 큰돈을 벌어야 한다는 강박은 위험합니다. 대안 직업, 개인적인 프로젝트, 자원봉사, 지역사회에 대한 기여, 가벼운 육체노동 등 다양한 활동을 포괄해야 해요. 그리고 이런 활동은 젊은 시절부터 리허설을 해야 합니다.

노인에게 놀이가 중요한 건 또 왜 그렇습니까?

메이저리그 야구선수로는 가장 늦은 나이에 데뷔한 샤첼 페이지(Satchel Paige)가 말했습니다. "늙어서 놀지 않는 것이 아닙니다. 놀지 않으니까 늙는 겁니다." 우리는 놀이를 통해서만 오롯이 지금 이 순간을 산다고 느낍니다.

노화에 영향을 미치는 좋은 감정과 나쁜 감정은 무엇인가요?

걱정, 두려움, 무능력한 느낌 같은 부정적인 감정은 어린 아이도 늙게 합니다. 공감은 성공적인 노화에 필수 감정이에요. "공감은 다른 사람의 신발을 신고 먼 길을 걷는 것"이라는 아메리카 인디언들의 비유를 기억하세요.

한 시골 노인에게 제가 어떻게 그렇게 항상 마음이 평화로울 수 있느냐고 물은 적이 있어요. 그가 그러더군요. "우주의 중심은 오직 하나밖에 없고 그 중심이 나는 아니라는 것을 알았기 때문"이라고요. 인식에 균형이 잡히면 이 시골 노인처럼 외부 세상에 여유 있고 정확하게 반응할 수 있어요.

선생에게 노화에 대한 가장 진실하고 긍정적인 영감을 준 사람 혹은 사건이 있다면 무엇인지요?

문득 한 이야기가 떠오르네요. 어느 날 황제가 나이 든 현인에게 영감과 희망을 주는 연설을 청했습니다. 그러자 나이 든 선생은 천천히 단 위로 걸어가 모여 있는 사람들을 물끄러미 둘러보다가 이렇게 말했습니다. "할아버지가 죽고, 그다음은 아들이 죽고, 그다음은 손자가 죽는도다." 화가 난 왕이 노인에게 소리쳤습니다. "내가 삶에 영감을 주고 희망을 주는 연설을 해 달라 하지 않았느냐." 그러자 현인은 이렇게 대답했습니다. "저는 삶의 자연스러운 질서에 관해 이야기한 것입니다. 만약 이 질서가 무너지면 우리는 정말로 고통스러워질 겁니다."

"노인은 젊은이에게
늙어도 괜찮다는 것을
가르쳐 줄 수 있고,
젊은이는 노인에게
죽어도 괜찮다는 것을
가르쳐 줄 수 있습니다."

마크 E. 윌리엄스

노인에게 추억이란, 그리고 미래란 어떤 의미입니까?

늙어 감을 잘 사용한 노인일수록 추억과 미래를 두루 통찰해서 시대가 필요로 하는 예지를 생산해 낼 수 있어요. 동시대인들이 그 가치를 인정해 줄 때 노인의 품위는 빛이 납니다.

젊은 세대는 노인을 어떻게 바라보아야 합니까?

노인을 안쓰럽게 바라보는 사람들은 자신의 운명도 그렇게 결정해 버렸을 가능성이 큽니다. 노년은 먼 나라의 이야기가 아닌 현재 내 모습에 통합된 나의 일부입니다. 나의 젊은 육신은 동시에 미래의 육신이기도 합니다. 노인은 젊은이들에게 늙어도 괜찮다는 것을 가르쳐 줄 수 있고, 젊은이들은 노인들에게 죽어도 괜찮다는 것을 가르쳐 줄 수 있습니다. 노인은 당연히 젊은 세대로부터 지지, 돌봄, 존경 등을 받아야 합니다. 그 대가로 노인은 젊은이에게 문화적 의미, 안정성, 그리고 과거와의 연속성 등을 제공하죠. 세대는 서로 돕는 관계예요. 주변에서 멋지게 나이 들어 가는 노인들을 찾아가 존경을 표하세요. 노년은 죽음의 서막이 아니라 삶의 정점일 수 있습니다.

오손 웰스는 "죽음이란 아이에게 멋진 장난감을 주고 놀게 한 후 잠자리로 보내는 것과 비슷한 일이다"라고 말했습니다. 죽음에 대한 공포를 극복하기 위해서 어떤 자세를 취해야 할까요?

한 세기 전만 해도 인생은 장례식의 연속이었죠. 지금은 죽음이 병원이나 요양원에서만 일어나는 탓에 실제보다 더 요란하게 받아들여지는 경향이 있어요. 유한한 삶을 산다는 것, 그것을 확연하게 받아들여야 합니다. 대개 사람들은 죽을 때도 자기가 살아온 방식대로 죽습니다. 기존에 스트레스에 대처했던 메커니즘대로 죽음 앞에서 대응하기 마련이지요. 평소 스트레스에 의연하고 낙관적으로 대처하는 연습을 하세요. 죽음 앞에서도 그렇게 될 겁니다.

마지막으로 노후에 대한 극도의 불안을 안고 살아가는 한국의 독자들에게 위로와 조언을 부탁드립니다.
세상에 살 날이 무한정 남아 있는 것이 아니니 습관이 주는 편안함의 유혹을 뿌리치고 몸과 감정을 관리하세요. 건강하게 늙어 가기 위해 노력 없이 이뤄지는 것은 하나도 없지만, 잘 늙기 위해 투자하면 그만큼 보상을 받아요. 뿌린 만큼 거두는 법입니다.

마크 E. 윌리엄스

> 신은 이렇게 말씀하신다.
> "모든 것을 내가 계획하였나니
> 젊음은 그 절반을 보여 줄 뿐
> 나를 믿으라. 전체를 바라보라. 그리고 두려워 마라."
> - 로버트 브라우닝, 〈랍비 벤 에즈라〉 중에서

(2018년 1월)

나는 늙고 싶지 않았다. 그렇다고 젊고 싶지도 않았다. 그나마 안정적인 중년이 길게 이어지기만을 바랐다. 하지만 그게 가당키나 한 말인가. 이제까지 일본과 한국의 언론은 앞다퉈 고령 사회의 절망적 풍경을 제시하며 노인을 부양과 간병만 기다리는 사회적 짐으로 묘사해 왔다. 그런 식의 비관주의적인 상상은 현재의 우리를 작아지게 만든다. 노년은 대체로 불우하며 노인은 반드시 약한가? 그런 고민의 와중에 노인학 권위자 마크 E. 윌리엄스 교수와의 인터뷰는 행운이었다. 그는 노인에 관한 우리의 오랜 편견을 상쾌하게 뒤집는다. 노인은 청년보다 불행하지 않다. 늙을수록 우리는 더 독특해진다.

출처

사진

© 김진영: 12쪽
© Hiraoka Studio: 30쪽, 38쪽
© 박상훈: 46쪽, 84쪽, 95쪽
© 김지호: 65쪽, 77쪽, 215쪽, 228쪽
© 이태경: 99쪽, 114쪽, 118쪽, 129쪽,
        195쪽, 209쪽, 281쪽, 290쪽
© 조인원: 135쪽, 145쪽, 156쪽, 166쪽
© 김복기: 174쪽, 185쪽
© 고운호: 238쪽, 251쪽, 259쪽, 270쪽,
        316-317쪽

시

© 이성복: 257쪽
이성복, 《래여애반다라》, 〈정선〉, 2013,
문학과지성사

자기 인생의 철학자들

The Philosophers of Their Own Lives

ⓒ 김지수, Printed in Korea

1판 17쇄 **2024년 5월 10일**
1판 1쇄 **2018년 11월 30일**
ISBN 979-11-89385-01-9

지은이. 김지수
펴낸이. 김정옥
본문 디자인. 장혜림
편집 도움. 이지혜
제작. 정민문화사
종이. 한승지류유통

펴낸곳. 도서출판 어떤책
주소. 03706 서울시 서대문구 성산로 253-4, 402호
전화. 02-333-1395
팩스. 02-6442-1395
전자우편. acertainbook@naver.com 홈페이지. acertainbook.com
페이스북. www.fb.com/acertainbook 인스타그램. www.instagram.com/acertainbook_official

이 도서는 한국출판문화산업진흥원 2018년 우수출판콘텐츠
제작 지원 사업 선정작입니다.

파본은 구입하신 서점에서 바꾸어 드립니다.

안녕하세요, 어떤책입니다. 여러분의 책 이야기가 궁금합니다.

홈페이지 acertainbook.com
페이스북 www.fb.com/acertainbook
인스타그램 www.instagram.com/acertainbook_official

점선을 따라 가위로 오려서 보내 주세요. 우표 없이 우체통에 넣으시면 됩니다. ✂

보내는 분

이메일

주소

이름

03706 서울시 서대문구 성산로 253-4 402호

도서출판 어떤책

a
certain
book

우편요금
수취인 후납
발송유효기간
2023.7.1~2025.6.30
서대문우체국
제40454호

저희 책을 읽어 주셔서 감사합니다. 독자엽서를 보내 주시면 지난 책을 돌아보고 새 책을 기획하는 데 참고하겠습니다.

1. 《자기 인생의 철학자들》을 구입하신 이유

2. 구입하신 서점

3. 가장 인상 깊은 인터뷰와 그 이유

4. 김지수 작가에게 하고 싶은 말씀이나 궁금하신 점

5. 출판사에 하고 싶은 말씀

보내 주신 내용은 어떤책 SNS에 무기명으로 인용될 수 있습니다. 이해 바랍니다.